好感力

Omtyckt

superkraften i att vara äkta, positiv och relevant

讓人自然而然
喜歡你的超能力

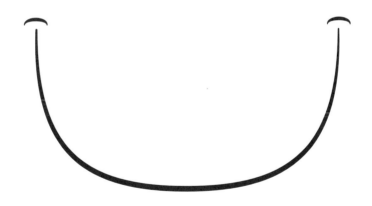

拉斯─約翰・艾格 著
Lars-Johan Åge
蕭寶森 譯

【推薦序】

增強好感力，迎接更精采寬廣的人生

文／互聯網行銷專家　邱文仁

談到一個人具備的「好感度」，應該是有跡可循的一種特質！放眼四周，有人似乎天生就擁有渾然天成的魅力，這種「好感力」，讓他們迎面而來的機會變多，於是工作和人生都變得更順利。不過，其實每一種人的獨特個性，都可能擁有吸引人的地方，也就是人人都可能「擁有好感力」，「個人的好感力」值得你經由學習，讓個人魅力綻放並迎來更多機會。

「好感力」怎麼來？我認為，其重要原因之一應該是「自信」。人格獨立的人，自然擁有自信魅力。而人格獨立是什麼？我想是來自於對自我的認知，認知到自己的「優勢在哪裡」，同時，也願意承認自己會有「不足之處」，接納自己並繼續學習。

人格獨立的人可以接納他人的批評、意見，對不同意見具備判斷能力，也擁有抵抗挫折衝突的能力。因為生命的智慧與韌性，讓自己從人生的種種挑戰中突破困境，成為更好的自己，這就是人格的精神力量。

所以，「好感力」絕對不止於外在的人氣表象，其實也有生命力量的維度。好感力可以淬鍊培養，內外兼修。那麼，培養「好感力」，還有什麼方法呢？更多的祕訣在書裡！為了讓自己好感力增強，以迎接更精采寬廣人生的你，想要培養自我的好感度，建議可以從本書看起。

【推薦序】

人氣不等於好感度

文／律師娘　林靜如

身為一個網路媒體工作者，每天都需要接觸大量的網路資訊。我發現大家為了追求瀏覽、按讚數，常常做出一些令人退避三舍的事。然而，當事者卻渾然不知，甚至沾沾自喜得到新聞效益或人氣。

本書作者將「好感度」及「人氣」分開來討論，會讓我們發現原來這兩者竟然是不一樣的?!以往我們常將好感度跟人氣畫上等號，卻忽略掉這當中其實存在本質上的差異。網路上不乏有網紅靠著做大家不敢做的事來搏眼球，靜下心想想，大眾喜歡看這類型的影音，但是否會真心喜歡那個人呢？

社會上常有人喜歡將自以為的優勢亮在身上當成武器，彷彿全身名牌就是高人一等，抑或是總將自身的成功掛在嘴邊，像是在向大家說：「崇拜我吧！巴結我吧！只有向我靠攏，你才會成功！」這樣的人身邊絕對不乏人群，但也一定會有人在背後非議他的行徑。

人們通常喜歡歌頌成功人士的謙虛，我想這就是一種好感度。有些人就像是天生自帶一種吸引人的特質，會讓人想要主動親近；反之，有些人則是擁有會令人稱羨的本錢，卻不會讓人想跟他們來往。

我們總是渴望尋求認同，從父母、同儕到社會，這是人的天性。一路走來，我在自己的職涯上也曾經迷惘過，尤其是在開始經營社群後，我經常在想自己的文章可以帶給大眾什麼？我知道什麼樣的文章容易引起群眾的共鳴，但更希望我寫的內容是可以幫助粉絲成長的。剛開始，的確收到很多不同意見的反饋，我也不斷在其中調整。如今，按讚數不再是我所追求的，而是文章的內容是否能獲得正向的反應。

坊間雖有許多勵志語錄，教導大眾如何讓別人喜歡自己，但本書作者是用許多科學實驗的證明，告訴大家如何真實地面對自我，從自身內在改變，用最真誠、正向的自己來建立好感度，切入的角度很特別，是所有網路使用者都應該一讀的好書。

目錄

【前言】

好感力是我們的超能力

我們都擁有一種力量，但因為我們覺得它是與生俱來的，因此有時會遺忘它的存在。這種力量不容易捉摸，甚至很難以言語形容。如果我們一心追求那些我們以為遠比它重要的事物，就有可能失去這種力量。就算不至於完全失去，也會忽略它的存在。但我們生命中所有的美好事物幾乎都少不了它——甚至包括我們通常所認定的「成就」。

這種力量乃是源自我們的人際關係。大家都知道，人際關係非常重要，但這種力量究竟是由哪些元素組成？它對我們自己和周遭的人有何影響？有時很難說得清楚。但這種力量對我們的重要性並不因此而降低。事實上，它可以說是一種貨真價實的超能力。

這種超能力關乎我們是否能擁有人氣。但在現今這個世界裡，所謂「人氣」其實有兩種，一種是不健全的，另一種則是健全的。無可否認，不健全的人氣能帶給人身分地位和聲望，有時也讓人擁有一定的影響力，但如果我們太過追求這樣的人氣，就有可能受到非常負面的影響。

相反的，健全的人氣卻能使我們擁有成功的事業和圓滿的生活，也是我們獲得幸福感的基礎。這種人氣乃是關乎我們所接觸的人是否喜歡我們、對我們有信心，並且想要再次見到我們。

在我的研究以及這本書中，我把這種健全的人氣稱為「好感度」（likeability），因為它指的是你能否讓別人對你有好感。

乍看之下，「人氣」和「好感度」似乎有密切的關連，但事實上兩者大相逕庭。最重要的差異在於：**「好感度」源於我們和自己的關係，因此它其實和別人對我們的看法無關**。這點可能出乎許多人的意料之外。

無論如何，追求人氣是我們的天性。比起從前，我們如今有更多的機會去追求人氣。科學家在研究人們一生中所重視和追求的事物後發現：現在的人比從前更在意自己是否有人氣，也更努力追求人氣。事實上，一般大眾皆是如此。只要隨便打開一個媒體頻道觀賞，就可以知道人們在意的是什麼。

談到追求人氣，我自己當然也有這個毛病。最近這幾年來，我體會到一件事：「人氣」和「好感度」其實會互相影響，而且這種影響有時不見得是正向的。我開始研究這個現象之後，逐漸發現一些科學實驗和研究也得到了類似的結論。事實上，「人氣」與「好感度」兩者甚至有互相消長的現象，也就是說：人氣愈高，好感度愈差。

所以，幾年前我決定試著釐清這個問題，以便解決「人氣」與「好感度」無法兼顧的問題，因為這是我們大家在人生當中都會面臨的一個困境，而且它是相對較新的一個現象，我們對它的了解非常有限。

一直到大約三十年前，人們往往只有在十歲到十五歲這個階段才會努力追求人氣，在意自己是否能夠得到他人的認可。對這個階段的青少年而言，如果把校園比做市場，那麼「人氣」就是貨幣。但大多數人在成年之後就會發現：社會資本遠比表面的人氣更重要，於是就會開始比較重視自己的好感度與社交能力。但如今情況已然改變。科學研究顯示：現代人普遍非常在意自己是否有人氣，甚至連大人也都表現得像個青少年一般。

那麼，「好感度」究竟是什麼？在回答這個問題之前，我或許應該先讓你對我有一些認識。我是一個很喜歡建構「模型」（model）的研究員，經常試圖在我所研究的那些事物中找出共同點，並發掘它們共通的模式。我希望我建構出的模型能讓讀者有一種「喔！原來如此呀！」的感覺，並且讓他們可以應用到現實生活中。

我開始閱讀那些有關「好感度」的研究論文之後，發現各家所宣稱的導致好感度的重要因素加起來還挺不少的，因此意識到我有必要建構出一個比較簡單的模型。

兩、三年後，我便把這許許多多的因素做了一個總結，得出了一個簡單扼要的結論：**建立好感度的要素包括：「真實性」、「正向感」與「關連」**。

本書有許多篇章是在世人努力因應新冠肺炎疫情的那一年當中寫成的。在這個非常時期，我意識到「好感度」不僅關乎人與人之間的關係，也關乎我們是否能夠接受來自一些機關組織的訊息並據此改變我們的行為。這是因為機關組織是由人所組成的，也是由人所領導的。如果我們能夠理解「好感度差距」（the likeability gap）的意涵，則無論我們舉辦任何活動，都會更加圓滿成功。所謂「好感度差距」，指的是：「人們因為不得已而去做某件事」和「人們為了和他人建立正向關係而去做某件事」這兩者之間的不同。

那麼我們該如何解決「人氣」與「好感度」難以兼顧的問題？所幸我們並不需要戒絕生活中那些比較浮面的事物，或從此不再追求人氣。我們該做的是：更加注意並**覺察**「追求人氣」這件事在我們的生活中扮演了什麼樣的角色。因此，既然問題的起因是在我們的心靈，解決之道也應該從心靈下手，而非只是採取行動。因此我在本書每一章最後的結語中，總是先說：「現在你已經察覺到……」然後再總結該章的重點。

值得慶幸的是，我們在狀態很好的時候總是具有高度的覺察力。在這本書中，我的任務就是要告訴大家：我們可以如何透過認識自我覺察的過程來增進自己的覺察力，以及我們在日常生活中可以如何提昇自己的覺察力。

我將會從我自身的經驗談起，藉以激發你的好奇心，並讓你回想一些你很可能也曾體驗過的情況。說不定，我甚至能夠說服你去嘗試新的做法，或以更有系統的方式去做你已經在做的事。

因此，要解決「人氣」與「好感度」的兩難問題，與其去學習新的做法，不如去了解問題的本質並回想自身的經驗。我自己在研究這個題目以及撰寫本書時，對於「好感度」的影響力有了更深刻的了解。希望這本書對你也有同樣的幫助。

現在，請容我說明我們的「好感度」有時之所以會受到減損的一些基本原因。那也正是讓大家普遍想要追求人氣的原因。

第一部

好感度 VS. 人氣

1 為何大家都渴望人氣？

查理是我念小學時最要好的一個同學。他喜歡船，而我最大的嗜好則是照著我的爸媽在聖誕節時送我的一本教人變魔術的書，變出讓人跌破眼鏡的戲法。

我和查理幾乎每天都在一起。每回我表演某種剛剛學會、還有些生疏的戲法時，他總是在一旁耐心地觀看。當他終於踏上他夢想中的航程，花二十四小時的時間搭船前往芬蘭時，我也欣然隨行（當然我們兩個的媽媽也跟著去了）。看到這裡，你必定已經猜出來了：我和查理在班上都不是那種很「酷」的學生。

班上最受歡迎的一個男孩名叫哈利。只要是我和查理不太敢做的事情（例如交女朋友和參加派對什麼的），他總是率先嘗試。同時，他還在某個曲棍球隊中擔任守門員，身上穿戴的也都是最時髦的名牌。我記得很清楚，班上的男孩總是圍著他轉。就成績而言，哈利並不是頂尖的學生，但如果你是一個風雲人物，這點又算得了什麼呢？至少，我當時是這麼想的。

七年級時，我有一天在班上的「娛樂時間」表演了幾套魔術，沒想到居然得到了哈利的認可。我記得後來下課時他走到我旁邊來，說了一些表示友善的話，並且用力拍了拍我的背，還問我他選出的那張牌後來怎麼會出現在那個鐵鍋裡。於是，我便問他要不要找個時間到我家來，我再示範給他看？至今我仍然記得事後我雖然背上感覺有點疼，但心裡卻雀躍極了。

後來那幾天，我的爸媽要我打掃房間和寫作業時，我總是提不太起勁，因為相較於那種令人無法抗拒的受人歡迎的感覺，打掃房間和做功課算得了什麼呢？對我來說，哈利要來這件事重要的多。那是我第一次體驗到人氣的滋味。

我敢說你們應該也有過類似的經驗，畢竟有哪個十幾歲的男孩不是這樣呢？這樣的經驗會在我們心中留下印記，並且往往會影響我們這一生所做的許多決定以及我們對別人的態度，只是我們自己並未察覺罷了。

以我來說，我在學生時期之所以一直無償地在學校的派對裡表演魔術，無疑是因為它讓我在最需要別人認同的時候得到了哈利的肯定。我在大學裡擔任研究員時之所以會特別重視演講的機會，想必也與此有關。

在本章中，我將列舉我們之所以會渴望人氣的一些因素，而其中主要的原因之一便是我們的生物天性。所以，我才會從我和哈利的故事講起。

但除了人類天生就有這種傾向之外，當前的一些社會現象也起了推波助瀾的效果，以致現在人們對人氣的渴望已經到了前所未見的程度，甚至已經成為社會的常態。這一點只要觀察人們所重視、關注的事情，以及媒體所報導的內容就可以看得出來。這樣的心態也廣泛存在於許多工作場所，對生產力造成了影響。在每一場會議和聚會的場合中，也可以看到這樣的現象。

有趣的是，儘管大家都渴望擁有人氣，但它卻鮮少成為我們討論的話題。就算有人談及，我們或許也不會承認這對我們本身和我們所做的決定產生了任何影響。儘管如此，大多數人還是像青少年一般渴望受人肯定與注目。

之所以會如此，還有其他一些因素，而這些因素都和人們缺少自覺有關。首先我要談的是一個可以用現代儀器測量的因素，那便是我們大腦運作的方式。

我們的大腦發生了什麼事？

哈利的關注對我有如此大的吸引力，其實並不令人意外，因為它體現了人類演化的一個法則，那也是我們在青少年時期都曾經歷的一個現象。大腦內部有一個對我們很重要的神經中樞（其他哺乳類動物也有），那便是我們的「獎賞中樞」。它的學名叫「腹側紋狀體」。

這個神經中樞有一個極其重要的功能，那便是：讓我們感到快活、開心。它會對各式各樣的獎賞（無論是加薪或毒品）產生反應，讓我們產生愉悅的感覺，但最能夠激發它的反應的則是**社交性的獎賞**。當我們體驗到它所製造的愉悅感之後，便會想要採取行動，以尋求更多的獎賞。

人氣在大腦內引發的化學作用

澳洲有位名叫克里斯・戴維斯（Chris Davis）的教授曾經做過一個頗受矚目的實驗。他要那些自願參加實驗的人觀看一些陌生人的照片，並寫下他們對每一個人的喜好度，然後再告訴他們照片裡的人當中有哪幾位也喜歡他們（照片裡的人事先已經看過那些受試者的照片）。受試者身上都戴著連接到磁振造影設備的儀器，藉以測量他們的大腦活動。當受試者聽到有人喜歡他們時，他們大腦內的獎賞中樞就會立即產生反應。我相信當年哈利拍了一下我的背時，如果我的頭上也戴著這樣的感應器，它的數值肯定爆表。

這種反應攸關我們的發育與成長，因為它開始向我們發出訊號，要我們成為一個獨立的個體，並試著掙脫我們和父母之間的緊密關係，轉而尋求同儕的認可與關注。

當我們這麼做時，我們的大腦會立刻分泌一些化學物質，以強化這種行為。為了確保我們會持續努力脫離對父母的依附，尋求他人的認可，大腦會分泌兩種特定的物質——催產素與多巴胺——以活化獎賞中樞內的相關受體，讓我們感到愉悅。因此，當父母發現自己的角色突然從「孩子不可或缺的盟友」變成「令人尷尬、最好不要參與孩子的社交活動的人物」時，那就表示孩子的催產素已經被活化了。然後，大腦就會在我們得到同儕的認可時分泌多巴胺，讓我們產生快感，藉以強化我們脫離父母的意願。因此，我們之所以追求人氣並藉此獲得認可，乃是催產素和多巴胺這兩種效果強大的化學物質聯手作用的結果。

當年我不願意聽爸媽的話及時把房間打掃乾淨並把功課做完，卻比較想要博取哈利的關注，顯示我腦內的催產素和多巴胺很可能都已經被活化了。如今，當我看到有人對我在臉書或 Instagram 上所發布的訊息按讚時，之所以會開心，也是由同樣的化學作用所導致。這時，如果你剛好坐在我身邊，問我在做什麼，我甚至可能答不出來。有些研究確實顯示：這種追求大腦獎賞的行為都是在無意識的狀態下進行的。[1]

因此，我們要解決這個問題，就必須從提昇覺察能力著手。

其他獎賞

大腦的獎賞中樞很少單獨行動。事實上，它有一整套負責提供誘因的網絡，用來強化這類行為（其中有些並不見得理性）。當我們感受到這類強化作用時，我們可能會出現非常不理性且無意識的行為。密西根大學的肯特·貝瑞吉（Kent Berridge）教授專門研究這個提供誘因的網絡和人們尋求他人認可的行為究竟有何關連。他發現這個網絡的作用非常強大，以至於只要看到某個讓我們想到之前的獎賞經驗的事物，它就有可能被觸發。這意味著：在現實生活中，只要我們看到某個會讓我們想到「身分地位」或「人氣」的事物，這個大腦網絡就會充分發揮它的威力。

因此，我們可以說：在一個情境中要表現出什麼樣的行為，是由我們大腦內的兩個部分彼此協調之後共同決定的，即獎賞中樞（以及那個配合演出的複雜的誘因網絡）和另外一個比較有智慧的區域（即額葉）。就那次我在學校裡的「娛樂時間」所表現出的行為而言，當時我的智慧顯然不敵我的生物本能。

這種生物本能也會間接導致一些其他後果。其中之一便是讓我們對群體的看法極其敏感。

我們認為群眾總是對的

在魔術表演事件過後不久，有一天我回家後便告訴爸媽說我想要買一條很特別的牛仔褲，它的牌子叫「Hugs and Kisses」（擁抱與親吻）。雖然名字有點那個，但班上好幾個男孩都買了一條（哈利當然也是其中之一）。而且最重要的是，下課時間**大家**都在談論它，就像我告訴爸媽的那樣：

「你不明白嗎？每個人都想買一條呢！」

我還記得當時我的爸媽雖然抱持著懷疑的態度，但在我的說服之下還是讓步了，嘮嘮叨叨地幫我買了一條，而我也就像其他男孩那樣把買來的那條褲子攤在地板上，然後使勁地把它穿上（而且要愈緊愈好）。但這個故事的重點並不在於牛仔褲，而在於我的購買動機。

我之所以想買那條牛仔褲，是因為我認為既然大家都覺得它是時下最值得擁有的東西，那肯定錯不了。這其實也是人類的天性。所以我才會本能地相信我可以仰賴群體的判斷，而且這種想法其實也不見得是錯的。

要想了解「人氣」在我們的生活中所扮演的角色，自然必須談到群體的力量。當我開始閱讀相關的研究後，也發現群體的判斷往往是正確的，但只有在一些情況下，這樣的說法才成立。且讓我用歷史上的一個例子來加以說明。

一九六八年五月時，一艘名為「蠍子號」（USS Scorpion）的美國潛水艇在北大西洋執行完任務要返航時，突然失蹤了。美國海軍部門雖然知道它最後一次是在哪裡被人看見，但並不清楚它最後一次用無線電和他們聯絡時所在的位置。因此，他們最初搜尋的範圍廣達數十英里，深度則達好幾千英尺。解決這個問題的方式之一是找三、四個潛水艇專家，請他們推測那艘潛水艇可能的位置，然後在該處開始搜尋，但一位名叫約翰·克雷文（John Craven）的軍官卻想出了另一個辦法。

他先列出那艘潛水艇可能發生的一些情況，然後再召集一大群各有所長的人，其中包括海洋學家、潛水艇專家、數學家和海上搜救專家等等。但他並不是要請這些人集體協商，以便共同提出一個解決方案，而是要請他們各自推斷每種情況發生的可能性。為了提供誘因，他還請那些人把這項任務當成一場比賽，猜得最準的人可以獲得幾瓶「皇家起瓦士」（Chivas Regal）威士忌。

於是，這一群人便開始各自推估當時可能發生的狀況，包括那艘潛水艇出事的原因、它當時行駛的速度和下潛的角度等等。結果，沒有一個人完全猜對。

但克雷文的真正目的並不是要他們彼此競賽，而是要綜合他們每一個人所做的揣測，藉此推估出事的經過以及潛水艇最後所在的位置。而這個方法所根據的原理便是所謂的「貝式定理」（Bayes Theorem）*。

*「貝式定理」源自機率論和統計學，被用來判定所謂的「條件機率」，亦即「在特定情況下發生某種結果的可能性」。

最後，他據此得出了一個最有可能（但沒有一個專家猜到）的地點。事實證明，這個推論非常正確。當海軍終於找到那艘潛水艇時，它所在的位置距離克雷文根據那一群人的想法而推算出的地點，只有大約兩百公尺。

值得注意的是：那一群人能夠用來推論的資料非常有限，而且裡面沒有一個專家的推測接近正確的答案。但群體所做出的判斷卻比每一個成員都更準確。正如同我之前買牛仔褲時，本能地相信大家都覺得好的東西一定錯不了一樣。

那麼，這個故事的重點究竟在哪裡？為什麼歷史上也有很多例子顯示群體做出了錯誤的選擇，最終導致了災難性的後果（例如經濟的泡沫化以及世界大戰的爆發等等）？所以，問題應該是：在哪些情況下我們可以從眾，在哪些情況下我們又最好走自己的路？

牛仔褲的例子和潛水艇故事的不同之處在於：在潛水艇的案例中，他們是針對一個**特定的問題**尋找答案，而非讓群體定義問題在哪裡或者要回答哪一個問題。其次，群體的答案是否正確很快就會揭曉。根據研究人員的說法，這也是在激發群體的智慧時一個很重要的因素。此外，那一群專家所得到的資訊品質必定很好，因為那些都是真實可信的資料，而非不知真假的傳言或草率、不嚴謹的假設。

最後，這個群體的成員都有獨立判斷的能力，不會盲目模仿他人的行為。換句話說，群體的成員都有一定程度的**覺察力**，知道他們所做出的決定必須有所依據。

如果一個群體並不符合上述的標準，那該怎麼辦呢？如果其中的成員比較缺乏獨立判斷的能力，會根據群體中大多數人的意見來做決定，那又該怎麼辦呢？這種情況往往就會導致一些問題，就像牛仔褲的例子一樣。因此，在有關「現在流行什麼？」或「我們該如何表現才能有人氣？」這類的問題上，我們就無法信賴群體的判斷了。

當群體犯錯時

在這方面，有一項科學實驗值得我們參考。它是由普林斯頓大學的兩位社會學家所進行的一項實驗。他們想要了解當一個群體必須決定什麼東西最有吸引力或最值得擁有時，究竟會發生什麼事。為了排除文化差異所可能造成的影響，他們所邀請的受試者分別來自世界各個地區，共有一萬兩千人。

在這項實驗中，研究人員給了每位受試者一份清單，上面列出了四十二首搖滾歌曲，請他們逐一評分，最差的給一顆星，最好的則給五顆星，並且允許他們免費下載自己心目中最好聽的那首歌曲。結果第一回合，由帕克理論（Parker Theory）樂團所演唱的〈她說〉（She Said）遙遙領先其他幾首，成為最受歡迎而且下載人數最多的歌曲，而得分最低、下載人數最少的則是由假後生悲（Post Break Tragedy）樂團所演唱的〈佛羅倫斯〉（Florence）。只有百分之一的受試者下載了這首歌曲。

第二回合時，研究人員把受試者分成兩組，第一組受試者拿到的是根據第一回合每一首歌受歡迎的程度與分數、從上到下依序排列的名單。這一組的每個人都可以看見〈她說〉是冠軍，而〈佛羅倫斯〉是最後一名。但第二組受試者要開始進行同樣的步驟時，研究人員卻把那些歌曲的排名顛倒過來，使得〈她說〉成了最後一名，〈佛羅倫斯〉則高居榜首。最後，他們的假設果然得到了驗證：第二組下載〈佛羅倫斯〉的人是第一組的十倍，而〈她說〉只有百分之二的人下載。而且隨著〈佛羅倫斯〉得到的星星數愈多，下載它的人也愈多。

由此可見，當這些受試者缺乏獨立判斷的能力，也沒有明確的訊息可供參考時，他們會不自覺地附和大多數人的意見，但事後他們卻覺得那是他們根據自己的喜好所做出的選擇。

我之所以會花時間和心思吸引哈利的注意力，自然是因為他是我們班公認人氣最高的學生。但由於他們在做出這樣的認定時並沒有自覺，因此這種集體判斷並不可靠。果然幾年後，當我從那所綜合中學畢業並升上高中時，就聽說哈利不僅犯了罪，還染上了毒癮。

因此，我們可以說，「人氣」這個概念本質上就是一大群人對「怎樣才是好的？」或「怎樣才是有吸引力的？」所表現出來的集體看法，無論其對象是一種產品或一個人（我們自己或別人）。我們很有可能會以為群體認為是好的東西品質也一定好，但事實往往不是如此。

我們之所以希望自己能有人氣，就像我們會表現出從眾的行為一般，也有一個生物學上的原因，只是我們還不清楚它和我們大腦裡的哪幾個神經中樞有關。但無論原因何在，「追求人氣」和「附和群眾」這兩種行為都有一個共通之處，那便是：當事人並未覺察自己所受到的影響。

我們喜歡和別人比較

身為一個研究談判技巧的人，我很清楚一件事：如果我們知道別人所拿到的東西比我們少，就比較有可能會接受對方的提議。同樣的，我們可能也會因為別人所得到的東西比我們好，而向對方說「不！」。這是因為人們總是喜歡拿別人來和自己做比較。換句話說，我們總是不斷地在做「社會比較」（social comparison）。這也是我們之所以追求人氣的主要原因之一。

「社會比較」有兩種形式。一種叫做「向下比較」（downward comparison）。當賣方因為其他人所出的價錢都比較少而接受某人的投標時，他（她）就是在進行「向下比較」。

向下比較

我們可以用一九三〇年代「經濟大蕭條」後所出現的一種新式電影為例，來說明何謂「向下比較」。這種電影的內容就是描寫其他國家的窮人如何受到剝削，有時也被稱為「震驚紀錄片」（shockumentary）。這類影片的目的就是迎合人們在面臨經濟危機時的心理需求，讓那些生活艱辛的人感覺好過一些。它們往往把非洲或印尼的原始部落人民描寫成兇殘、粗野且生活條件極其惡劣的野蠻人，其效果就是讓一個或許剛剛失業的人只要花一張電影票的錢，就可以提昇他對自身生活的幸福感與滿意度，因為發現世上還有人過得比他更慘。

我們很可能會認為這類「向下比較」會讓我們感覺好過一些，但事實並非如此。即使我們剛開始時會因此而產生幸福感，但就長期而言，它的效果卻是負面的。舉例來說，有一群研究人員就做過一項調查。他們問一群警察是否認為當警察的人大致上要比當警衛的人優秀。結果他們發現：愈是認真比較兩者差異的警察，自尊心愈低，對自己的生活也愈不滿意。

研究人員所做的解釋是：當這些警察開始和他人做比較時，雖然他們是占優勢的一方，但這會讓他們開始藉由跟他人比較，來建立自己的自尊心並肯定**自我的價值**。這是很重要的一點。稍後我將會回過頭來再談談這種自我評價方式，因為社會比較是否具有建設性，關鍵就在於我們如何評價自我。

另一種常見的社會比較方式就是所謂的「向上比較」。簡而言之，它指的就是把自己拿來和那些更優秀或者過得更好的人做比較。不久前我在社區的網球場上所經歷的事就是其中一個例子。

向上比較

話說有一天晚上，我和一位球友一起去網球場打球（我們每個星期打一次）。我們抵達時，剛好遇到一個之前曾和我的那位球友一起打球的人。當時他是一個人去，目的是要練習發球技巧。由於網球場上除了我們之外沒有別人，於是在開打之前，我們便邀請他和我們一起暖身。

我不認識那個人，但從開打前我的球友和他的對話中，我約略得知他是個網球高手，而且之前還是某個俱樂部的男子網球隊的選手。他第一次發球時，我光是聽那球拍發出的聲音就知道他果然是個高手，因為純粹為了健身而打球的人是不可能有那種架勢的。他必然已經練了很多年，而且可能還經過專業教練的調教。

我意識到這一點時，起初非常振奮，因為我沒想到自己能碰上這樣的對手。這些年，我都是為了運動而打球，而且一直都是和同一個人打。現在我終於有機會領教真正的高手有多麼厲害，並藉此評估自己的球技了。

之前我的程度始終不曾達到足以代表網球俱樂部去比賽的水準，但現在我卻可以透過和這位高手過招，來間接達成參賽的夢想。

然而，才打了十分鐘，我就發現我和對方之間存在著一定程度的差距。總而言之，他打得就是比我好。

通常我打完球後心情都會很好，但這天晚上我卻沒有很開心，因為和那個高手比起來，我顯然還是不太行。原本我覺得自己打得還不錯，但如今看來我的球技並沒有我想像中的那麼好。當那位高手離開後，我便一直沉浸在這樣的情緒中。可想而知，我後來和我的那位球友打球時，成績自然也不太理想。事實上，那一晚接下來的時間，我一直都為自己的網球夢的幻滅而耿耿於懷。

一個又一個無意識的選擇

如果我們要以這種方式進行社會比較（無論是向上比較或向下比較），就必須把自己和別人當成一個物件，而且是單一面向的物件。這樣我們就能忽視其他許多面向，以免讓比較工作變得太過複雜且困難。

這聽起來或許有些諷刺的意味，但其實我們對這樣的比較並不陌生。為了應付日常的事務，我們經常會不自覺地這麼做。舉個例子：假設我是某一門課程的老師，而且此刻正在改考卷。當我發現有個學生的成績接近滿分時，我必然就會認定他（她）是個好學生。相反的，如果我看到某個學生幾乎沒有一題答對，我必然會直覺地認為他（她）「能力不足」，而不會去考慮其他可能的因素，例如這個學生是否在考試期間生了重病，或者考試之前家裡剛好有人過世等等，因為如果我把這些因素考慮進去，就很難打分數了。

事實上，我們在進行社會比較時經常就像這樣把事情簡化，僅僅根據有限的資料就在別人身上貼標籤（例如我在改考卷時，把學生分成「聰明的」和「能力不足的」這兩種）。

多年來，哈佛大學的研究人員一直在研究有關社會比較的問題。由於這些研究和我們追求人氣的問題密切相關，因此值得在此做一番詳細的說明。

現在，我要以我那次在網球場上的經驗為例，來說明那些研究人員的發現：

1. 我們在進行社會比較時往往會**無意識地選擇某些標準**來做比較。

比方說，那次我在網球場上拿自己和對手做比較時，並沒有思考自己究竟是在比什麼。也就是說，這樣的比較究竟是以什麼為基準？是基本的擊球方式、發球的技巧，還是在球場上移動的步法？不同的比較基準必然會大大影響比較的結果。

2. 這種無意識的選擇往往有些**隨性**的成分。

比方說，就算我在上場前已經先想好要比較哪一種擊球方式（正拍、反拍、削球、截擊或扣殺），但我仍然必須做出好幾個選擇，例如我應該比較哪一個部分？是球的落點？失誤的比例？削球時進了幾次？還是球在網子上方的高度？

3. 我們不一定能了解**別人的行為有何目的**。這使得我們很難進行社會比較。

就我的例子而言，和我對打的那個高手有沒有故意放水，讓我和他打成平手？還是他已經使出了渾身解數？如果我不知道他的意圖何在，就可能會對他的行為做出錯誤的解讀，以致做出不當的比較。

4. 這也引導出下一個問題：我們的比較對象所表現出來的是否**足以代表**他（她）的水平，抑或他（她）只是一時運氣好而已？

我在和那人打網球時，並不知道他發球之所以發得如此漂亮，是因為他運氣好、還是因為他平常就是這個水準？

5. 另外我們也可以再問自己一個問題：對方的表現是否**足以代表他平常的實力，抑或他還在學習**，以後有可能會變得更好？

如果我認為那個高手的反手拍很弱，有可能是因為那是他第一次嘗試使用新的握拍方式，下一次他的表現就會好得多。所以，情況是**會改變**的。但我們在做社會比較時經常忽略了這一點。

6. 對方往往很難**正確詮釋我們行為背後的用意**（就像在前述第三點中所提到的，我們也很難了解別人的意圖）。這可能會造成一些問題。

如果我的對手看到我在把球打偏後就氣喘吁吁且不停嘆氣，他可能會以為我希望他手下留情。這將會影響到他後來的打法。因此，在某些情況下，我們自身的行為會影響事件的發展。這也是我們在做社會比較時必須考量的一點。

7. 我們往往會拿**自己的弱項**來和他人比較，尤其是在做向上比較的時候。

如果我知道自己的第二發球不是很好，打出去的時候往往看起來比較像是高吊球，那麼我在比賽時就會不自覺地把注意力放在對手的第二發球上，試著分析他發球的方式。這時，我就會忽略掉自己表現得比較好的那些方面。

看了以上幾點之後，將會發現我們在進行比較時並沒有意識到事情有許多不同的面向。因此，社會比較本身其實不是問題。真正的問題在於我們在比較時排除了背景因素，同時也沒有意識到自己究竟是用什麼樣的標準來做比較。反過來說，如果能更有意識地去做社會比較，就可以幫助我們成長並讓我們更了解自己。而這才是做社會比較的初衷。

有意識的社會比較

身為一個喜愛建構模型的研究人員，我在做研究時向來都是使用所謂的「連續比較」（continual comparison）。這個名詞聽起來可能不太好懂，但實際上它的意思就是：當我發現某個有趣的現象時，就會把它拿來和已知的現象做比較，看看兩者之間有何異同，如此便能對我的研究素材有更多的認識。

這個過程其實和社會比較沒有太大的不同。早在一九五四年時，社會心理學家黎昂・費思汀格（Leon Festinger）就已經指出：**社會比較的真正目的是要讓我們更認識自己，並且促進我們的成長與發展**，就像我透過比較的方式來加深我對我的研究素材的理解一般。只可惜大多數人都不是這麼做。且容我再次以那個打網球的例子，來說明我們的意識與覺察在社會比較中所扮演的角色。

理論上，我其實可以透過和對手的比較得到許多有用的訊息，以便了解自己球技水準如何。比方說，開打二十秒鐘後，我就發現那人擊球的方式和我完全不同，拍子碰到球時所發出的聲音也更明顯。這時候，我與其去思考「誰打得比較好？」，倒不如分析他擊球的方式好在哪裡。他揮拍之前，我看到他的手腕甩了一下，或許那是原因之一？如果我當時問他，他或許能夠給我一些指點，因為他很可能已經在揮拍和擊球方面下了許多工夫。或許他甚至會教我該如何為網球拍穿線，讓我能以更適合我的步法的方式去擊球。*

我當時如果能以更有意識的方式來做比較，就能使自己的球技得到提昇。然而，因為我沒有這麼做，最後只是搞得自己一整個晚上自信全失。

當事情關係到自己時，我為什麼就不能像往常那樣做建設性的比較？

這是因為其中涉及我的**自我價值**。

如果說我當時對自己的價值突然沒了把握，這聽起來或許太過戲劇化，但我的意思是：我再也無法確定自己有能力去做一件我認為很重要、而且也相信自己很擅長的事了。由於那次打球的經驗讓我的自我價值面臨危機，於是我就失去了做建設性比較的能力。這都是因為我太急切地想要證明自己夠好，而這正是我們很難以有建設性的方式進行社會比較的原因。大體上來說，**如果你在做社會比較時，在意的是你的自我價值感，就必然會產生負面的情緒**，而且很諷刺的是，**你的自我價值感也幾乎必然會因此而降低**。

關於社群媒體

談到大家都希望自己有人氣這件事，我們就很難不提到社群媒體。社群媒體讓我們有機會彼此互動、保持聯絡，並對那些需要支持的人表達支持。這是人類發展史上前所未見的現象。然而，現代人之所以會普遍追求人氣，其原因也和社群媒體的存在有直接的關連，因為從這些媒體上得到認可時，我們的大腦會分泌出催產素、多巴胺，並使腦內的獎賞中樞產生其他一些化學反應，讓我們產生快感。此外，社群媒體的架構使我們得以控制並關注他人（以及群體）的行為。這也是這些

＊編按：網球球拍有不同的穿線方式，會影響球拍的拍擊力量。

媒體的大多數行銷策略背後的基本原則。最後一點，也是很重要的一點：社群媒體是我們進行社會比較（尤其是無意識的社會比較）最主要的一個場所。關於這一點，且讓我做詳細的說明。

從社群媒體上，我們可以輕易獲得有關他人生活的資訊，而這些資訊呈現、包裝的方式，使我們很容易進行我之前所提過的那種無意識的社會比較。

- 我們在社群媒體上所看到的只是他人在某個瞬間所呈現的形象，因此這樣的比較是無意識且沒什麼道理的。
- 我們無法確定在這些社群媒體上所看到的訊息具有多少代表性。
- 我們不知道別人的行為背後真正的意圖。
- 我們不知道我們所看到的是否就是當事人典型的模樣。
- 我們往往不清楚自己做比較的動機。

最後一點可能會對我們造成重大的影響。正如我先前所說，我們都很容易會選擇自己的弱項來和他人比較，而這樣的比較很容易對我們造成負面的影響。

在社群媒體上這種情況特別嚴重。我們在瀏覽社群媒體時往往處於某種「自動駕駛」（autopilot）狀態，此時我們的行為多少都有一些無意識的成分。由於我們不太清楚自己為什麼要和他人比較，因此有可能會導致自我價值降低。對某些人而言，後果還不僅止於此。

研究顯示，愈需要增強自我價值的人愈會進行社會比較，但這卻使得他們的自我價值更加低落，因此形成一個惡性循環。

還有一個例子也顯示出動機的重要性：有人原本想在社群媒體上尋求支持（這是社群媒體很善於提供的東西），沒想到卻反而不自覺地開始和別人比較起來。這種情況是很有可能發生的，因為社群媒體設計的目的就是要吸引我們進入這樣的情境。

既然社群媒體會讓人落入社會比較的陷阱，無法自拔，我們似乎應該敬而遠之才對。事實上，有許多人也呼籲大眾應該減少使用社群媒體，以免危害自身的幸福與健康。

但既然我們喜愛社群媒體，而且它們已經成為我們生活中的一部分，所以我並不認為我們應該予以捨棄。事實上，有些研究也支持這樣的觀點。這些研究顯示，**如果我們在使用時能更有自覺，社群媒體其實可以讓我們更加快樂**。[2] 所以重點在於我們如何看待社群媒體的核心：**社會比較**。誠如我們所知，這類比較可能對我們有所幫助，但也可能對我們產生危害。

因此，如果在社群媒體上與人互動時，不去做這類無意識的社會比較，那麼在這些媒體上看到的正向貼文就會感染我們，對我們產生建設性的影響，而不會造成壓力。[3]

因此，解決問題的方式並非不使用社群媒體，也不做社會比較，而是剛好相反。我們唯有更積極地關注自己的社會比較行為，才能實現社會比較的初衷：幫助我們發展自我，並且激勵我們變得更好。

要達到這個目標，必須鍛鍊我們每天都會用到的一種能力，以覺察自己的行為動機以及我們的行為可能造成的後果。在本書的第二部中，我將會針對這點做更進一步的說明。

接下來我將說明大家都追求人氣的現象會造成什麼樣的嚴重問題。但在此之前，我想先告訴你們我和查理後來的發展。

好感度從何而來？

我和查理已經從那所綜合中學畢業許多年了，但我們還是會定期聯絡。在就業方面，我們兩人做出了不同的選擇。我決定從事學術研究工作，查理則進入了一家出版公司，後來還自己開了一家服飾店，只可惜那家店在金融危機期間宣告破產了。查理可以說是我最好的朋友之一。既然本書探討的是「好感力」，他倒是個值得一提的有趣人物。

早在我正式開始研究「好感力」這個題目之前，我就已經發現只要查理走進某個房間，房裡的人臉上就會開始展露笑顏，就連我的哥哥和弟弟偶爾也會問起他的近況，雖然他們這些年來只遇見過他幾次。這並不是因為他是一個多麼有趣的人，而是因為他總是給人一種溫暖的感覺。他因為經濟蕭條而失業後，有一個老闆雇用了他。我至今仍記得當時那個老闆對我說的話：

「我們之所以會雇用查理，主要是因為我們發現：他會散發出一種平靜和諧的感覺，讓身邊的人也受他感染。」

查理可能是我所見過最能活在當下的人。在我的記憶中，他從不曾因為未來的任何事情而表現出一絲憂慮。

這些年來我一直在研究有關「好感力」的問題，以及「活在當下」的心態對我們的生活有何影響。這段期間，我曾經多次想到查理，因為他印證了研究人員所發現的事實：**一個人之所以能真正贏得他人的好感，主要的因素是他能夠活在當下，並且具有自我覺察的能力。**這是我們每一個人與生俱來的能力，只要我們能夠加以掌握。

現在，你已經覺察到：

✧因為我們的大腦的緣故，我們會不由自主地去追求人氣，藉此獲得獎賞。

✧我們天生就有追隨多數以及與他人比較的傾向。這是我們之所以會追求人氣並尋求他人認可的主要原因。

✧我們追求人氣時，一定要注意自己的社會比較行為，因為這類比較往往是在無意識的情況下進行。如果我們能有意識地去做，就能激勵自己，幫助自我成長。

✧使用社群媒體的行為本身並沒有什麼不好。社群媒體對我們造成的效果是正面或負面，端看我們如何使用它們，以及在使用它們時有多少程度的自覺。

2 問題出在哪裡？

幾年前，當我開始研究大眾追求人氣的現象以及它所產生的效應時，發現有些研究顯示，人氣所帶來的地位與名聲對一個人並沒有太大的好處。以下便是我認為特別有意思的幾個例子。

維吉尼亞大學的研究人員找了一群「酷」小孩，試圖了解並分析他們日後的發展。[4]那些孩子當時十三歲，正要升中學二年級。研究人員先評估這些孩子的人氣高低、他們本身對這件事的態度，以及他們是否希望自己有人氣。結果發現：其中人氣最高者嘗試性行為的時間也最早，而且很早就顯露出不願遵守規矩或法律的跡象，比方說他們可能會在商店裡順手牽羊，或者在沒有買票或未獲許可的情況下參加一些活動。

但研究人員的目的並不僅僅是了解這些青少年在某個時間點的狀況，還打算隔一段時間後再追蹤他們後續的發展。於是，十年後，他們開始訪查那些青少年的下落，以了解他們的生活境況。當時那些青少年已經是二十幾歲的成年人了，而且散居全國各地。研究人員不僅訪視他們、和他們的家人面談，還閱讀他們的官方紀錄，並分析他們在社群媒體上的活動情況。

在這項實驗中，研究人員所得出的結論非常明確：這些從前曾經很「酷」的小孩，現在已經不再那麼酷了。他們多半過得沒有以前那麼好，而且所遇到的問題顯然也比他們那些人氣較低的同學多。

但身為研究人員，除了提出這一項發現之外，還必須證明那些受試者的問題確實是由自身的人氣所導致，因此他們也做了相關的研究，結果發現：即使將每一位受試者的家庭狀況以及他們所隸屬的社交團體納入考量，他們之所以問題較多（例如更容易酗酒和吸毒），主要還是和他們**對身分地位的態度**有關。在這項實驗中，研究人員不僅調查了那些受試者的生活方式，甚至還請他們各自帶一個朋友前來實驗室接受訪談。在分析他們的人際關係後，研究人員發現：比起他們那些人氣較差的同學，這些一度享有高人氣的受試者更難以和別人建立關係，而且他們的朋友也不見得重視他們之間的友誼。

除此之外，這些受試者對身分地位的迷戀也影響了他們對這個世界的看法，因為他們往往會說朋友之所以會和他們斷交，是因為想和某個比他們「更酷」、更有錢或身分地位更高的人交往。這項研究本身並沒有什麼獨特之處，但北美、歐洲和亞洲各地針對十歲到七十歲的人所進行的多項研究，都顯示了同樣的結果。[5]

此外，這項研究也發現：在那些受試者當中，愈是迷戀身分地位和表面價值的人，其幸福感愈低。值得注意的是，當研究人員分析商業界人士（他們因為工作的緣故，會特別在意金錢和表面的成果）的情況時，也發現：愈是在意物質、追求表面成就的人，愈不快樂，幸福感也愈低。

因此，我們可以說：人氣並非單一的現象，而是諸多的表面價值之一。在這一章中，我想強調的是：在這些表面價值中，人氣所造成的問題尤其嚴重，主要是因為：要提昇人氣，我們就必須犧牲掉一些東西。

但在深入討論這個問題之前，我要先談談研究人員針對人們做事的動機所做的一些研究，因為它們可以讓我們了解追求人氣會造成什麼樣的問題。

兩種不同的激勵因子

幾年前我在羅馬參加一場研討會時，也順便參觀了當地著名的特雷維噴泉（Trevi fountain）。不用說，當時那噴泉周圍自然擠滿了像我一樣前來欣賞這座藝術品並拍照留念的人。

我發現那些人除了照相之外，也做了一件他們認為「非做不可」的事，那便是：把一個銅板丟到噴泉裡，然後再許下一個願望。看到這一幕景象，我心裡不禁猜想：這些人不知道都許了什麼願？雖然當時擠到噴泉旁邊去丟銅板的人很多，但後來我聽到每年被丟進池子裡的銅板金額多達一百萬歐元左右時，還是非常驚訝。

這意味著大家的願望還真多。

幾年後，當我開始更徹底地研讀有關人們的行事動機的研究時，不禁想起了那座噴泉旁的景象。我當然不可能知道那些人許了哪些願望，不過我知道：無論許願的人是誰或者他們是在什麼情況下許的願，那些願望大致可以分成兩類。

第一類願望是讓我們無需得到他人肯定就可以感覺良好的事物，包括：健康、快樂和人際關係。這些東西以學術名詞來說就是「內在激勵因子」（intrinsic motivation factors）。第二類則和身分地位以及他人的認可比較有關，以學術名詞來說，就是「外在激勵因子」（extrinsic motivation factors），它們大致包括：

- 權力
- 金錢
- 美貌
- 人氣（聲望）

有許多不同領域的論文都曾經提到「內在激勵因子」與「外在激勵因子」之間的區別，因此你或許已經讀過了。但當我們在探討人氣所造成的影響時，這兩者之間的區分尤其值得我們注意。簡而言之：內在激勵因子對我們有良性的影響，外在激勵因子則否。

根據好幾項研究所得出的結論，我們可以斷言：如果我當時問噴泉周圍的那些人許了什麼願，那些許了與內在激勵因子較為相關的願望的人，擁有的整體幸福感會高於那些希望得到較為膚淺的事物的人。[6]

根據那些研究人員的說法，外在激勵因子的問題在於：當我們以這些外在的事物為追求的目標，就形同放棄了自我決定權以及自我掌控感，也就是那些研究人員所謂的「自主權」。當我們感覺到自己的人生掌握在他人手中，內心就會產生矛盾感，同時也將無法主宰自己的命運。

依賴他人會對我們造成什麼影響呢？關於這一點，我經常會用一個實驗來加以說明。那是一九七〇年代哈佛大學的研究員艾倫・藍格（Ellen Langer）所做的一項實驗。有好幾十年的時間，藍格一直致力於研究什麼樣的因素會影響人們在日常生活中的覺察能力。為了了解獨立感對一個人所造成的影響（她們認為人們的獨立感可能和覺察力有關），她和她的同事朱蒂絲・羅丁（Judith Rodin）便做了這項很特別的實驗。

這項實驗進行的地點是在一座老人安養院。她們讓院內的一群老人做一件他們平常沒有機會做的事，那便是：可以依照自己的想法和願望來決定一些事情。比方說，他們可以決定什麼時候要出去玩、是否可以看電視等等。此外，研究人員還給了他們每人一個盆栽，讓他們負責照顧，而且他們可以決定要把它放在哪裡、什麼時候該澆水等等。至於對照組則是過著一如往常的生活。

實驗的結果令人驚訝。那些能夠自己做決定的老人，死亡率只有對照組的一半。因此藍格和羅丁得出一個結論：這些老人的死亡率之所以能夠降低，是因為他們被賦予較多的責任，而且內心的矛盾感降低了，因為他們不再受制於別人的選擇和意見。這種能夠掌控自己生命的感覺，就是「內在激勵因子」和「外在激勵因子」最大的差異之一。

當你感覺能夠掌控自己的生命，在日常生活中就會有較高度的覺知，也更能活在當下。當安養院中的那些老人被賦予做決定的權力，他們就接收到一個非常重要的訊息：這個世界是一個「正在進行的過程」，而且不斷在改變，並非一成不變、已經被安排好，以致他們只能呆坐著當個旁觀者的地方。這和對照組的消極、被動的生活方式成了強烈的對比。這提醒了我們：只要我們能有意識地活在當下，人生將會大不相同。

那麼，這和人們追求人氣的行為有何關連呢？在所有的激勵因子中，「人氣」其實是最仰賴他人意見的一個。因此，如果我們亟於追求人氣，可能會有一種無法掌控自己命運的感覺。如果你擁有的是一間豪華的辦公室、一個令人羨慕的頭銜或一筆龐大的財富，當然有可能會失去它們，但那很可能是一段時間以後的事。我們生命中的其他許多變化也是如此。我們的體力會隨著年紀日益衰弱，臉上也會逐漸出現皺紋，但這些改變都不會立即發生。

然而人氣卻並非如此。它本質上就是不穩定的，可能來得急也去得快，尤其是在現今這個世界裡，只要有人在社群媒體上說了什麼，你的人氣可能就會受到影響。它之所以不穩定，理由很簡單：你是否享有人氣，完全取決於別人的意見。這種轉瞬即逝以及無法控制的感覺會使人們極度沒有安全感。不過，其他幾個外在激勵因子也有同樣的問題：它們不會帶來恆久的滿足。這和我們的生理構造有關。

還記得嗎？大腦內的獎賞中樞會讓我們試圖重複那些讓我們產生快感的行為。但這個過程會受到心理學家所謂的「享樂適應」（hedonic adaptation）的阻礙。所謂「享樂適應」指的是我們會逐漸習慣一些比較膚淺的樂趣，以及令我們感到舒適的事物，以至於大腦會需要愈來愈高的劑量才能獲得同樣的滿足。

總而言之，追求人氣的問題出在人氣這檔子事具有很高的不確定性，會讓我們失去自主權與自我決定權。其次，它就像其他的外在激勵因子一般，不能讓我們得到永久性的滿足。同時，它和那些真正有意義的事物無法並存。接著我將詳細討論這個面向。

有如磁鐵的兩極

在前言中，我曾提到「人氣」與「好感度」之間有著「拉鋸效應」，或稱「排擠效應」。這意味著這兩種特質很難在一個人身上並存，原因是：外在激勵因子與內在激勵因子會相互作用。研究人員在許多不同的情境中所做的實驗都顯示：**外在激勵因子能夠排擠內在激勵因子**。在許多案例中，兩者幾乎就像是一個磁鐵的兩極。

英國社會學家里查·提特穆斯（Richard Titmuss）是最早發現這個現象的人士之一，只是當時他要研究的問題並非「人氣」或「好感度」。

他針對捐血者做了三個不同的實驗。其中一組受試者並未因捐血而得到任何報償，另一組受試者則得到了一些酬勞，而第三組的受試者可以自行選擇要得到酬勞還是把錢捐給慈善機構。結果他發現，只得到酬勞但不能選擇是否將錢捐給慈善機構的那一組，其捐血的意願大幅降低。這項實驗不僅顯示外在激勵因子會排擠內在激勵因子，也讓我們注意到外在激勵因子的問題之一在於：它們會使人失去自主性與自我決定權，也讓人沒有機會做選擇。

這不僅適用於實際的獎賞，也適用於我們生活中的其他動機與目標。由羅徹斯特大學的提姆・卡瑟（Tim Kasser）教授所帶領的一個研究小組就針對這個題目做了研究。在檢視了來自各個文化背景的人士的行為動機之後，他們不僅斷定外在激勵因子確實會排擠內在激勵因子，同時還歸納了其他數百項研究所得出的結論。[7]

他們所做的總結能夠幫助我們了解「人氣」與「好感度」如何彼此拉鋸、互相排擠。

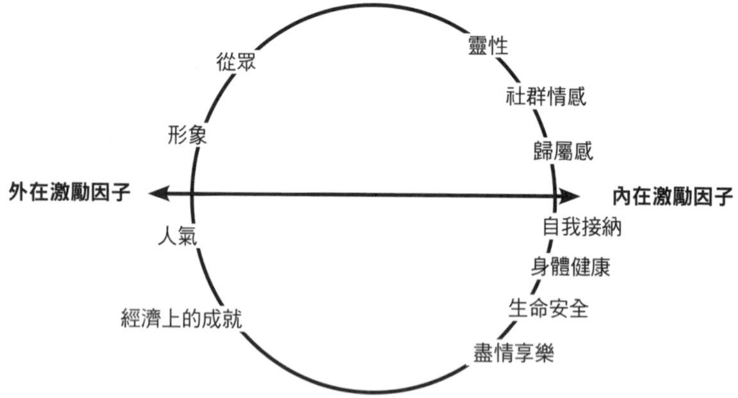

在右頁這張圖表上，我們可以看到外在激勵因子位於圓圈的左邊，內在激勵因子則位於右邊。距離愈近的兩個目標，愈容易兼得。如果我們看這個圖形的左邊，就會發現一個人如果想要追求人氣，又想建立良好的形象，並不會有太大的問題。另外，迎合別人對好壞對錯的看法（從眾）似乎和追求人氣、形象和經濟上的成就屬於同一類的目標。這並不令人意外，因為我們往往會用經濟資源換取群體認定值得擁有的事物。

除此之外，我們也會發現：圓形圖左邊的「人氣」和右邊那些涉及親密關係與自我連結的目標就比較難以共存。「社群情感」、「歸屬感」和「自我接納」這些激勵因子都在右邊，而這些目標和追逐金錢、形象或人氣完全是兩碼子事。

這些激勵因子相互之間的作用可以說是一種零和賽局（zero sum games）。這是因為一個人所能追求的目標有限，如果一個激勵因子的力量增強了，其他幾個激勵因子往往就會減弱，就像一個人很難在同一情況下表現得既貪婪又慷慨一樣。

當這樣的零和賽局上演時，大腦裡究竟會發生什麼事？這個問題並不容易回答，但有一種解釋是：圓圈左邊的激勵因子會讓我們失去力量，因為這些激勵因子往往會迫使我們去做一些我們在有充分的自主權、並能夠掌控自己的生活的情況下不會去做的事。「經濟上的成就」就是其中一個例子。一個人為了追求經濟上的成就，可能會瘋狂加班，以致無暇從事他心目中更重要的活動，例如陪伴他的伴侶或家人等等。此外，一個人如果一心想融入群體，沒有依照自身的價值觀行事，他（她）很可能就會做出迎合他人、附和多數的行為。

另一個問題就是：左邊的激勵因子比較引人注目，也比較能夠測量，而右邊的激勵因子則較為微妙、難以掌握，而且與情感有關。畢竟金錢財富和臉書按讚人數的多寡都是明確具體，可以計算的，但自我接納的程度或好感度則難以衡量。因此，我們很容易會更重視左側的激勵因子，而非右側的激勵因子，但事實上，後者對我們的幸福與健康更加重要。

當我們檢視這些激勵因子彼此之間的關連，就不難了解為何研究人員在評量一組受試者的「人氣」與「好感度」時，很少發現有人同時兩者兼具。[8]簡而言之，

「人氣」會排擠「好感度」，並削弱一個人的自我力量、獨立性以及與人建立親密關係和自我接納的能力。如果一味追求人氣，就等於是把掌控自己生命的力量交給別人，只是我們沒有自覺罷了。

這類情況到處可見，甚至存在於各種組織機構當中。或許不會有任何一個組織機構的執行長宣稱自己已經把權力轉移給身邊的人，但事實上，那些不惜任何代價要爭取顧客或創造業績的組織機構，很可能不曾花很多時間去思考它的使命和價值觀。這樣的組織機構也可以說是一個「沒有自覺的機構」。

為何解決之道並非讓自己變得沒有人氣

就像一個已經失去公信力的機構，個人要解決這個問題的方式並非試圖讓自己變得沒有人氣，因為那甚至可能比試圖追求人氣更糟糕。理由很簡單：如果失去了人氣，我們也將失去為自己建立好感度的機會。這將使身體產生強烈的反應。

為了了解我們在失去人氣時有何反應，研究人員運用了一種名叫「電子球」

（Cyberball）的電腦遊戲。他們請受試者各自坐在一部顯示著三個動畫人物（其中一個代表那位受試者）的電腦前，然後由那三個動畫人物彼此傳球。受試者相信其他兩個動畫人物代表的是坐在另外一個房間的兩個人，但其實那兩個動畫人物都是由電腦操控的。

剛開始時，研究人員請那三個人物彼此傳球，但過了十分鐘之後，電腦便不再傳球給受試者。也就是說，其他兩個動畫人物只傳球給彼此。

這時，研究人員便有機會檢視人們在感覺自己沒有人氣或被群體排擠時，大腦裡所產生的化學反應（他們在每一位受試者身上都裝了磁振造影設備）。

實驗結果非常清楚：當我們遭到排擠時，大腦內被活化的區域和身體疼痛時相同。這個區域會讓我們不顧一切地掙脫某個難忍的情境。這時，我們體內的危機偵測儀會立刻啟動，而且它不一定是在真正有危險的情境裡才會被啟動。事實上，我們只要看到有人被霸凌的影片或影像、想到自己被伴侶遺棄或認為自己會被某個團體排擠時，這個警報器就會響起。

被排擠的感覺和肉體的疼痛是如此相像，以至於當事者在服用止痛劑之後，那種因失去人氣而產生的難受感就會緩解。

如果你想親身體驗一下這種滋味，可以做做下面這個簡單的練習。

1. 首先，試著回想你過去某次身體疼痛不堪的經驗。然後注意那樣的記憶讓你產生了什麼感覺。
2. 再來，試著回想某次你因為不被允許參加某項活動或某個團體而感到難過的經驗。

此時再注意你當下的感受。

許多人在做這個練習時都發現：當他們試著回想身體疼痛的那一刻時，大腦中往往會出現類似「那有什麼大不了的？」的反應。但是當他們試著回想被群體排擠的經驗時，他們的感覺就會強烈許多。即使事情已經過去很久了，有些當事人的感受還是如同剛發生時一般。

不刻意避免人氣

我知道你在閱讀這一章時，可能會得到一種印象，認為我是在建議大家不要再追求人氣。但其實並非如此。儘管我在這一章中曾經提到追求人氣會導致一些問題，但我並不否認「人氣」在我們的社會和生活中仍扮演著重要角色，否則我們就不會遺傳到這種傾向。問題之所以會產生，是因為我們不了解或沒有意識到與人氣有關的各種因素。當我們了解或覺察這些因素時，人氣所造成的負面影響就會減少，我們也會以一種比較平衡的態度去面對它。

請容我告訴你們一個源自希伯來的故事。我相信它會讓我們更清楚人氣所造成的困境與矛盾。

一個信仰非常虔誠的牧師聽到他的腦海裡有一個聲音，要他拋下世俗的事物，過著謹守戒律的生活。他認為這意思就是要他放棄美食、美酒，不近女色，不與人交往。後來，他也確實一直過著這樣的生活。有一天，他突然生了病，而且不久之後就死了。死後他也確實上了天堂，但過了三天後，他就被趕出去了，理由是他不了解那裡的人的生活方式。

牧師放棄了人生中那些比較膚淺的事物，但這樣的做法顯然不太管用。同樣的，要我們不再追求人氣也不可行。人氣本身以及我們對人氣的追求，在我們的社會與生活中都具有一定的重要性，我們只是不希望因為追求人氣而排擠掉對自己真正重要的事物：好感度與親密關係。

在下一章中，我將說明我們為何不應該為了追求任何事物而犧牲掉自己的好感度。

現在你已經覺察到：

✧人類的行為受到兩種力量的驅使：外在激勵因子與內在激勵因子。

✧追尋外在激勵因子（例如人氣）往往會降低我們的幸福感與快樂感。

✧人氣是一個極度不確定的激勵因子，會使我們失去自主性以及主宰自己生命的力量。

✧人氣就像其他外在激勵因子那般，很容易使我們不再去追求並欣賞那些對我們更有價值的事物。

3 好感度

戴爾・卡內基（Dale Carnegie）在撰寫他的名著《人性的弱點》（*How to Win Friends and Influence People*）之前，已經於一九一二年創辦了一所名為《戴爾・卡內基卓越中心》（the Dale Carnegie Center for Execellence）的溝通學校。一九三〇年代，當該書在全球熱銷時，這所學校也持續擴張，如今在九十餘個國家都有課程。到目前為止，《人性的弱點》已經售出了三千多萬冊，成為全球有史以來銷量最高的著作之一。

它是第一本有關「好感度」的書，也是最知名的一本。當我對「好感度」這個題材開始感興趣時，自然少不得要加以研讀。儘管卡內基在書中並未提到「好感度」這個概念，但它仍然是第一本和這個題目有關的著作。

在《人性的弱點》出版的那個年代，該書之所以顯得如此與眾不同，是因為卡內基是第一個從比較偏向情感面的角度來檢視人類的行為以及決策過程的人。他認為，人們受到情感影響的程度並不亞於理性的考量。在工業化的步調日益加快、人們注重的大多是實質性的事物與工作效率的二十世紀上半，這樣的觀點可說相當罕見。

卡內基認為，成功的祕訣就是成為一個有能力適應社會、能夠得到自己想要的東西、卻不至於惹惱別人並引發不必要衝突的人。他所提出的方法很簡單，以今天的眼光來看甚至有些老套，但在當時，他卻是第一個斷言這類行為的影響力並加以說明的人。

那麼，這本經典名著到底給了讀者什麼樣的忠告？簡而言之，他所建議的方法就是：經常微笑、傾聽別人說話、記住別人的名字、表達出對別人的欣賞但又不致流於奉承。最重要的一點是要避免批評別人。對讀者而言，這本書很淺顯易懂，因為卡內基寫作的風格非常生活化，而且他在書中還講述了許多發生在他自己身上的小故事，藉以證明他所提供的那些建議是多麼有效。

我有一個如今已經八十多歲的朋友曾說：在一九五〇年代他還是個十幾歲的青少年時，這本書讓他了解如何與人交往。那是他生命中的一個里程碑。直到現在，他提起此事時仍津津樂道。對一個作家而言，這可說是一項了不起的成就。

但身為一個研究人員，我很清楚這本書其實是二十世紀初期社會的產物。它之所以受到如此熱烈的歡迎，在某種程度上來說是和當時的社會狀況有關。

一九二九年時，股票市場崩盤，大多數私人企業都搖搖欲墜，甚至宣告破產。因此，許多中產階級人士開始想要進入規模較大、較為穩定的公營事業。這類機構有很明顯的等級制度，如果想要升遷，往往就必須成為一個適應力很強、處世圓滑的人。

在那個年代，人們或機構所代表的廣泛意義並沒有受到討論。簡而言之，在當時，個人或機構的價值觀並未受到重視（當時還沒有這樣的企業文化）。你只要有能力和任何人持續對話，就好處多多。此外，在當時那種社會風氣中，《人性的弱點》這本書可說是專門為男性而寫的（舉例來說，書中那個「要少說多聽」的建議就不是針對女性而提出來的，因為女人往往隨時都在聆聽男人說話）。

卡內基原本是個販賣肥皂和培根的銷售員。《人性的弱點》這本書可說是第一本貨真價實的銷售手冊。既然我的第一個研究計畫就和銷售有關，我自然會從銷售的角度來思考卡內基所提出的建議。舉例來說，他率先指出銷售員應該提出一些問題並聆聽客戶如何回答，而不要一味地介紹自己的產品。這個方法在數十年後已經普遍被銷售業所採用。

卡內基在書中所提出的建議非常實際。繼他之後也有一百多本相關的書籍都提出了類似的建議，告訴我們應該表現出什麼樣的行為才能博取別人的好感。但我發現這些書都有一個共通的問題，因為：要讓別人真正喜歡我們，我們其實並不需要做些什麼，也不需要表現出某些特定的行為。事實上，**當我們不刻意博取他人的好感時，別人才會真正對我們產生好感**。除此之外，還有一件事可能會讓你感到很驚訝：如果你刻意博取他人的好感，你將會很有人氣，但卻不會讓別人真正喜歡你。

所以唯有放棄努力，才能讓別人真正對你產生好感。

不要刻意努力

這些道理是我在研究企業界人士的實際作為時體悟到的。我發現他們之所以能夠成功，關鍵因素往往在於能夠表現出真正的自我，並根據自己的價值觀行事，而不是一味地遷就別人、適應環境。我在研讀相關文獻時，也發現他們確實有這樣的傾向。事實上，在二〇一二年《哈佛商業評論》（*Harvard Business Review*）所發表的一篇文章中，作者群甚至提出了這樣的建議：如果你和某人做生意時，過程非常順利，完全沒有任何摩擦，那你就該懷疑其中是否有蹊蹺。理由很簡單：那個人或許不是很真誠，[9]也可能沒有真的把你當一回事。

後來，我開始針對那些負責營救人質的談判代表進行研究時，也看到了同樣的傾向。我遇到的那些ＦＢＩ探員都很擅長和挾持人質的歹徒建立互信，以便提高解決衝突的可能性。他們當中的頂尖高手，即便是在那樣困難的情境下也能夠展現真實的自我。就像演員一樣，他們有時會在自己的生活中尋找所有能和那些匪徒的遭遇連結的經驗，以便能和後者展開真正的對話。

企業界人士和談判高手之所以都有這個傾向，理由很簡單：如果我們想和別人建立真正的連結與適當的關係，最有效的方式莫過於展現真實的自我。唯有如此，我們才能與人建立可長可久的情誼。我稱呼這樣的展現為「真實」（authenticity）。即便是在學術研究界，也有類似的發現。曾有學者研究在五百五十五種以上的行為中，哪些行為最能提高一個人的「好感度」，結果發現其中名列前茅的是「**真實**」與「**誠懇**」這兩項特質。[10]

在後面幾章中，我將針對「真實」這個特質做更詳細的說明。這是因為它會引發骨牌效應，有助養成使人贏得好感的其他幾個特質。

為了公平起見，我必須指出卡內基所建議的方法也包含展現「真實」的自我。舉例來說，他曾經強調務必要真正對別人感到興趣，並且讓別人感受到這點。不過他並沒有特別重視這個特質。

其原因可能是當時的社會並不像今天這般充斥著各式各樣虛假的事物。人們在社群媒體上所發布的貼文以及各種新聞報導的真實性都令人存疑。許多廣告都有誇大不實之嫌，市面上的產品也充斥著山寨版，以致身為消費者的我們總是必須努力分辨真假。為此，現代人身上那負責偵測「真實」性的雷達已經永遠處於開啟的狀態。

要贏得他人的好感，我們必須展現真實的自我。這不僅適用於個人，也適用於所有想和顧客建立長遠關係或想對公眾造成長遠影響的組織機構。要因應今天社會上人們普遍缺乏互信的問題，唯一的方法就是真實地顯露自己的本色。

好感度的基本元素

且讓我簡短地總結一下什麼才是不以刻意的方式贏得的好感度。

誠如我先前所言，身為研究人員，我的專長是找出重要的模式，並以大量的數據為基礎，建構出一個模型（為此，過去這幾年來我也運用了社會學領域中的一個科學方法）。當我發現「真實」這個特質有多麼重要時，我意識到那便是我該做的事。對我來說，光是找出這個被前人所忽視的因素是不夠的。此外，我也覺得：就算「真實」是贏得他人好感的一個重要因素，但它不太可能是唯一的因素。而事實也證明，它的確不是唯一的因素。

在研讀了其他學者的研究所得，並納入我自己的研究和實驗結果後，我建構出了一個模型，以很簡單的方式說明什麼叫「好感度」。在此，我想請你根據自身的經驗來驗證我所得出的這些結論：

請你回想你初次遇到某人時就感覺和對方很投緣的經驗。

當你尋思自己為何會有這種感覺時，你可能會想起那個人所說（或沒說）的某些話，也可能說不上來，只是隱隱約約地覺得「反正彼此很投緣就對了」。這很正常，畢竟人與人之間的關係原本就非常複雜，有時並不容易理解。

但無論對方是誰、無論你們在什麼樣的場合碰面，我很確定當時你們之間的對話必然體現了以下這三個基本特性：**「真實」、「正向」和「關連」**。

這三者便是組成「好感度」的要素。誠如我先前所說，「真實」為「正向」和「關連」提供了它們可以生根發芽的沃土。三者的關係可以用下圖來表示：

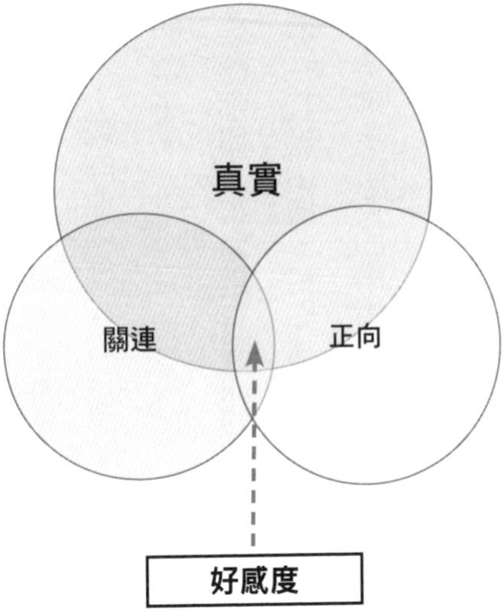

現在，讓我們回到之前做的那個練習。我相信無論你心裡想到的是哪個人，他（她）身上必定散發出一種「真實」的特質。或許他（她）向你透露了某件私事，或者說了讓你開心的話。也可能對方的舉手投足讓你感受到他（她）的真誠。這樣的特質可能會以許許多多不同的方式表現出來，但無論如何，你就是可以感受到對方那種真實坦率的態度。

除了「真實」之外，那個人可能也給了你一些「正向」的感受。我所謂的「正向」指的並不是一種正面樂觀的態度，而是在當下的情境中自然產生的一種正向的感受。或許對方說了什麼，讓你忍不住笑出來；或許他（她）的言語讓你感到心安，甚至受到鼓舞。這些都是「正向」感受的例子。

除了以上這兩項之外，我想你也會感覺當時那個人和你是有關連的。我相信他（她）和你在一起的時候，一定不會坐在那兒一直看手機，和你講話時也不會是一副焦躁緊張的模樣，彷彿只想趕快講完以便去處理更重要的事情似的。

誠如物理學家確信宇宙是由四種元素（氧、碳、氫、氮）所組成，我們也可以說好感度是由以上這三種特質所組成，只是在不同的情境下可能會以不同的形式表現出來。

這三個特質也適用於那些想要建立客戶的信心的組織機構。他們必須以事實為基礎，有能力激勵他人並讓人產生正向的感受（對未來的期待），同時還要為他們所服務的對象創造真正的價值。

無論個人或組織機構，要具備這三項基本特質都必須有自覺，同時還要散發出一種氣質（個人如此，機構亦然）。所以，我在這裡要提出一個和之前所有同類書籍都不一樣的建議（我在本書第三部中將會談到這點），那便是：**唯有在我們不刻意做些什麼的時候，別人才會真正對我們有好感**。

在稍微了解我對「好感度」的定義之後，你可能會想知道其中的三個特質會產生什麼樣的效果以及它們在我們人生中的重要性。值得注意的是，這些效果往往會讓人感覺是自然而然發生的，因而並未察覺。所以我想用電影圈裡一個很簡單的案例來加以說明。

好感度差距

一九九八年時，曾任藝人經紀人的傑瑞．溫特勞布（Jerry Weintraub）決定要重拍經典名片《瞞天過海》（*Ocean's Eleven*）。當時很多人對此都抱持著懷疑的態度，但原因並非這個點子不好，而是因為溫特勞布所規劃的演員陣容。他想找十二位當時好萊塢最炙手可熱的明星來拍攝這部片子。

企劃部門的人員告訴他，那些演員通常只願意接演主角的角色，而且片酬一般都要好幾千萬美元，根本不符合那部片子的預算。

但溫特勞布想出了一個主意。他和其中一位演員喬治・克隆尼（George Clooney）以及導演史蒂芬・索德柏（Stephen Soderbergh）有私交，於是他便說服他們兩人加入。不久後，克隆尼和索德柏便開始拜訪其他幾位演員，請他們接受微薄的片酬加入拍片的行列。克隆尼甚至還寄了一封信給茱莉亞・羅勃茲（Julia Roberts），裡面附上一張二十美元的鈔票以及一張字條：

「我們知道妳拍一部電影的片酬通常是兩千萬美元，不過這次的片酬有點低……」

最後，其他幾位演員通通都同意加入，其中包括：茱莉亞・羅勃茲、布萊德・

彼特（Brad Pitt）、安迪・賈西亞（Andy Garcia）、麥特・戴蒙（Matt Damon）和唐・奇鐸（Don Cheadle）。當他們被問到為何會點頭時，一致表示是因為他們**很想**參與這部片子的拍攝工作。至於他們為何會放棄平常所要求的片酬呢？答案當然是：人與人之間的交情。而這樣的交情便是我所說的「好感度差距」（Likeability Gap）的關鍵因素。所謂「好感度差距」指的是兩種心態上的差距。一個是人們「因為不得已才去做某件事」，另一個則是「因為和某人交情好或衝著**某人的好名聲**而去做某件事」，即使那個「某人」他們可能從未見過。

人際關係有時確實能夠對我們產生這樣的影響。這一點似乎已經不需要多做解釋了，不過在這一章中，我還是要談一談造成這種影響的幾股力量以及學者在這方面的研究結果。

「好感度差距」說明了「好感度」會以兩種不同的方式對我們周遭的人造成影響。首先是「**直接**的影響」。它影響的是我們曾經接觸的人；其次是「**間接**的影響」，它影響的是和我們沒有什麼接觸、甚至完全沒有接觸過的人。首先讓我更詳細說明第一種影響方式。

「好感度」的直接影響

所謂好感度的直接影響，其實就是我們每天都會體驗到的一種循環往復的人際溝通模式，但因為這些影響感覺起來是自然而然發生的，我們往往不會加以注意。

心理學研究人員通常會用所謂的「交互模式」（transactional model）來描述我們和周遭的人如何互動。這種模式不僅和好感度有關，也和人與人之間的「連鎖反應」有關。也就是說：我們所傳達的訊息會影響他人的反應，而他人的反應又會反過來影響我們的行為。

研究員米契．普林斯代（Mitch Prinstein）想透過一個實驗來研究這種連鎖反應，並藉此顯示在這個連鎖反應過程中，只要做出一個小小的改變，就能導致很不一樣的結果。[11] 為此，他請一群學生花一天的時間撰寫一篇日誌，描述自己當天和別人接觸與見面的經驗，記錄的內容包括：當時發生了什麼事、那個經驗給他們什麼感覺、讓他們採取了什麼行動。然後，他將情境做了些許改變：他請所有參加實驗的學生都穿上一件粉紅色的T恤，上面寫著：「Everybody likes me!（大家都喜歡我！）」但他的目的不是要讓那些學生受人喜愛，而是要創造不一樣的互動情境，看看會導致什麼樣的結果。

答案很快就揭曉了。和這群學生們見面的人有的大笑，有的歡呼，有的則問他們這是怎麼回事。普林斯代也請學生們寫下他們和這些人會面的經過以及他們當時的感受。

對於那件粉紅色T恤所產生的效果，學生們普遍感到驚訝，因為他們穿上那件粉紅色T恤後，別人對待他們的方式開始有了改變，而且這樣的改變對他們自己也造成了影響，讓他們**表現出不同於以往的行為**，形成一種無休止的連鎖反應。

之前形容自己「個性害羞」的學生發現：他們在穿上那件粉紅色T恤後，居然開始和其他幾個之前從未接觸過的同學說話了，而且後者不僅對他們所說的笑話很捧場，甚至還問他們是否要找個時間聚一聚。之前形容自己「沮喪、孤單」的學生則發現他們不僅變得比較容易和別人交往，也更常對別人展露笑容，而別人也總是會對他們報以微笑。那些原本一直盯著手機看的學生開始經常向別人點頭致意，而後者也總是會答禮。

這些行為上的改變增強了他們的歸屬感。有些學生指出，他們在課堂上舉手提問或答題的次數變多了。有個學生甚至寫道：

「如果我童年時就穿上那件T恤，我的生活就不會像現在這樣了。」

這個實驗清楚顯示：我們所發出的訊號會對他人造成什麼樣的影響，而他人的改變又會如何反過來影響我們。這種交流模式說明了好感度所產生的效果。就像學生們穿上那件粉紅色T恤一般，「真實」、「正向」和「關連」這三個元素加起來，也可以成為一股強大的力量，啟動你和他人之間的連鎖反應。

關於好感度所造成的直接影響，在此我想用幾個例子來說明科學家們透過研究所得出的結論。我相信你必然在生活中曾有過類似的體驗。我也是如此。

你將更能與他人合作

如果有任何一個單一因素能對個人與人類的未來造成最大的影響，那必然是與他人合作的能力。這是T恤效應的放大。

就像大多數人一樣，你無論在家裡、職場上或閒暇時，都很可能遇到一些和你觀點不同的人。身為一個研究談判技巧的人，我深知在遇到這類情況時，我們之所以無法與對方建立共識，通常是因為我們誤以為自己處於一種競爭的局面。科學家稱這種局面為「零和賽局」，理由很簡單：在這種局面中，一方的獲利就意味著另外一方的損失。我們如果認為自己處於競爭的局面，勢必會產生想要獲勝的念頭。但要記住一點：我們在評估這類情況時，往往會被表象所蒙蔽。當然，我們有時確實會面臨雙方必須爭個勝負、一決高下的場面，但科學研究顯示，這類情況遠不如我們所想像的那般常見。[12] 當我們做出錯誤的解讀，表現出具有競爭意味的行為時，就會為自己帶來困擾。不僅和另外一方的關係會受到影響，這樣的互動也會造成很不利的後果。

我們之所以會做出錯誤的解讀，是因為太過在乎自己的地位和人氣。當我們想透過和他人比較來增強自己的自尊心時，很容易就會把自己所置身的情境當成一種競爭、而非合作的局面。這是因為競爭能帶來地位與人氣，而我們以為別人也想要這些東西。

同樣的，當我們對一個人有好感時，自然就會願意與他合作。這和我們的生物構造有關：當我們喜歡一個人時，大腦內被活化的區域正是那個會讓我們想要尋求合作、而非競爭與衝突的區域。

你會讓別人表現出最好的一面

好感度究竟和我們的合作能力有何關連？答案就在於我先前所提到的「交互模式」。如果說粉紅色的T恤所發出的是一個響亮無比的訊號，好感度所發出的則是他人會在無意識的狀態下接收到的低頻訊號。但兩者運作的機制是一樣的。在某些情況下，一個人或許只要表現出某種具有競爭和對抗意味的身體語言或面部表情，就足以讓對手改變其行為，繼而讓我們自己也做出同樣的行為。

簡而言之，當別人對我們有好感時，我們就能**讓他們表現出最好的一面**。這不僅適用於兩人協商如何共同解決問題的場合，也適用於我們在街角的商店裡想請人幫忙找東西、或忘記依約前往修車廠去換輪胎的情況。

讓我有些驚訝的是，好感度甚至會影響我們所做的一些比較重要的決定。加州大學的芭芭拉・葛伯特（Barbara Gerbert）教授向來以研究醫生對待病人的方式見長，她發現「交互模式」也存在於醫療照護情境中：醫生會更盡心盡力地照顧他們所喜歡（以及表現較好）的病人，對他們也會做更多的後續追蹤。[13] 這種效應似乎也適用於那些和我們親近的人，因為研究結果發現：如果父母親和醫生關係好，他們的小孩也會受到較好的照顧，並得到較完善的追蹤治療。

同樣的法則之所以適用於修車廠的技師，也適用於醫師，是因為無論在任何狀況下，和我們打交道的那些人在某種程度上都會受到他們本身的情感的影響（我必須承認在這方面卡內基說得對）。當我們和他們建立良好的關係時，我們就會誘發出他們內在最好的那一面。

別人會比較能夠聽進你的意見

如果我們在工作或休閒場合所遇到的人都能把我們所說的話聽進去，那當然是一件好事。在我研究「好感度」在商業和談判場合所扮演的角色時發現：當人們對我們有好感，就會比較願意接納我們的意見（即便是在人質危機當中也是如此）。兩者之間的關連可以用一句話來表示：我們和別人的關係會直接影響他們對我們的意見的接受度。因此，光有一個好點子是不夠的，還必須讓別人覺得你值得他們給出一個良好的回應。要達到這個目的，就必須和他們建立良好的關係。

舉例來說，有一群研究人員曾經調查當稽核員針對公司的日常事務提出一些建議時，那些公司的高級主管有何反應。[14] 結果發現：如果那些高級主管喜歡這位稽查員，即便他們本身有不同的看法，即便那位稽核員所持的理由不是很充分，他們

還是會比較願意接納他（她）的建議，並因此改變行為，

在日常生活中，我們也可以看到這種現象。比方說，如果有一個好朋友介紹一家新的餐廳給我們，我們會比較願意相信他（她）的意見，但如果對方是我們不喜歡的人，我們就比較不會買帳。所以，好感度似乎是在為我們所做的建議「鋪路」。

你會比較了解別人

因此，這個「交互模式」意味著我們和他人之間建立了一種正向的互動關係，而這樣的關係也會影響我們後續的行為。當我們感覺自己更容易與他人合作、而且他人也樂於幫忙，我們自然就會展現出比較好的特質，其中包括能夠同理並了解他人的觀點。

現在，如果回過頭去思考一味追求人氣和身分地位會對我們自己造成什麼影響，就會發現情況正好相反。我們會變得比較以自我為中心，進而喪失理解他人的

能力。關於這一點，我們或許無需任何科學證據就能理解，但在此我還是要提到一群心理學家所做的一項研究。在這項實驗中，他們以一種很有趣的方式證明了這一點。

他們所用的方法是：請受試者在自己的額頭上畫一個大寫的「E」，其目的是要測試他們有多麼以自我為中心。實驗結果顯示，那些讓坐在他們對面的人看到一個反向的「E」的人都比較以自我為中心，也比較難以理解他人的觀點；而那些讓別人能看出「E」字的人則比較不會以自我為中心。除此之外，有些學者也研究了一個人的地位與權勢如何影響他（她）的同理能力。實驗結果很清楚：那些比較看重權勢和地位、而非親密關係的人，在額頭上畫出反向的「E」字的機率，是那些地位較低、好感度較佳的人士的三倍。[15]

研究人員在測量一群人的大腦活動時，也發現了同樣的模式：那些沒有地位和權勢的人的大腦中，與理解力和同理能力相關的區域比較活躍。

你會變得愈來愈快樂

哈佛大學的一群研究人員曾做過一項長期的實驗。他們從一九三〇年代起到二〇〇九年為止持續追蹤兩百六十八人，其目的是在調查哪些境遇對我們的生活和健康狀況影響最大。實驗結束後，主持該項研究長達四十年的心理學家喬治·瓦倫（George Vaillant）在《大西洋月刊》（*the Atlantic Monthly*）發表了一篇報告，並在其中做了以下總結：

「除了愛之外，別無其他。」

後來，他在一篇標題為〈是的，我還是那句話：幸福就是愛人與被愛〉（Yes, I stand by my words: Happiness equals love—Full stop）的文章中，針對這點做了更進一步的說明。他指出，決定那些受試者是否幸福的最重要因素，便是他們的人際關係。

我猜你對這個結論不會感到意外，但要說明箇中原因，我們便很難不去談論「好感度」，因為一個人能否贏得他人的好感（此處指的是不是那種刻意營造出來的好感），正是他能否感到幸福的關鍵所在。

研究人員發現：人際關係之所以攸關我們的健康與幸福，其原因在於：**當我們擁有正向的感受時，會更容易得到別人的好感；而當別人對我們有好感時，我們的正向感受也會增強**。[16]因此好感度和正向感受之間會形成一個彼此增強的循環。

普林斯代教授所做的一項研究，也證實好感度與正向感受之間確有關連。這項研究的目的是要檢視我們的心情是否會受到自身好感度的影響，以及這樣的影響是否會持續很長一段時間。[17]研究結果清楚顯示：好感度高的人不僅比較不會有憂鬱的症狀，心情也較佳，甚至會變得愈來愈好。他們發現：那些在研究的初期好感度、心情都不錯的人，在十八個月後研究結束時，甚至變得更快樂了。這充分顯示了正向感受和好感度之間的關連。

這樣的關連所影響到的不只是那些和我們有直接接觸的人，也包括我們所屬的人際網絡的其他成員。那些人和我們的好感度與健康**也有**關連。

在這裡我不得不提到一項有趣的研究。進行該項研究的學者請來了兩百七十六個身體健康、年齡在十八到五十五歲之間的受試者參與實驗。[18] 他們先請這些受試者描述自己在私生活和職場上的社交網絡，然後就在每一個人的鼻腔內滴入一些會引發普通感冒的病毒，再讓他們隔離一段時間，接著觀察那些人當中誰會生病、誰不會生病。

研究的結果非常有趣：那些人脈較廣的受試者生病後的病情，比那些社交範圍較狹窄的人輕微得多。更準確地說：那些只有一到三個社會關係的人生病的風險，比那些有六個以上社會關係的人高了四倍以上，即使在研究人員排除了其他風險因素（例如睡眠不足、維他命C攝取量過低、年齡和性別等）之後也是如此。

因此，如果我們打開人際關係、幸福感與快樂之間的那個黑盒子，就會發現當我們和他人接觸時，我們的正向感受與好感度會彼此增強，形成一個循環。除此之外，好感度對社交網絡中的其他成員也會產生間接性的影響。這類影響的效果非常強大，甚至可以影響我們的免疫系統。

好感度的間接影響

第一個研究這類間接性影響的學者是一位名叫馬克・葛羅諾維特（Mark Granovetter）的社會學家。

葛羅諾維特曾經做過一項很有名的研究，探討人們是如何找到工作的。結果發現，人們之所以能找到工作，往往是透過一些「關係」。這項研究的受試者包括葛羅諾維特在波士頓地區挑選的一群人，其中包括技師、工程師和經理人等等。他問那些人有多常和那個幫他們找到工作的人碰面，發現只有百分之十六點七的人「經常」和對方碰面，其他人都說他們只有「在一個場合」碰過面。

為什麼和我們不太熟的人反而最有能力幫我們找到工作呢？這和葛羅諾維特所謂的「**弱連結**」（weak ties）有關。「弱連結」就是和我們不常碰面、比較不熟的那些人。與之相反的則是「**強連結**」（strong ties），也就是和我們關係最為密切的親戚或朋友。

「弱連結」之所以往往會比我們的密友和家人更有能力幫我們找到工作，是因為他們的社交圈位於我們的親友圈之外，因此可以接觸到我們平常不會接觸到的人物與訊息。事實上，最有意思的事情往往都發生在這類社交圈內。

想一想：你有多常從你的親朋好友那兒聽到新的訊息或得到什麼驚喜呢？事實上，我們和熟人在一起時，談的往往都是同樣的話題，自然比較沒有機會接觸到新的人物、得到新的訊息，或發現新的點子。

但葛羅諾維特還提出了一個重點：我們往往能透過強連結接觸到那些和我們不熟的弱連結。讓我們回顧一下之前提過的那個拍電影的例子：製片人溫特勞布本身和茱莉亞．羅勃茲並不熟，但他的朋友喬治．克隆尼卻和她很熟。後來通過這個弱連結，他又聯繫上了一個由強連結形成的圈子，而且那個圈子裡的人都相信彼此的判斷與建議。

間接的影響已變得更加重要

我們有必要好好思考「好感度」對我們所造成的間接性影響，因為它們現在已變得比從前更重要了。理由很簡單：如今我們生活在一個網路社會裡，自然不免會和那些不太熟的人接觸。

不久前，我收到一位作家寄來的一封電子郵件。他曾經寫過一本講述個人最佳理財之道的書。他在信中寫道：「嗨，我和你一樣，也是一個作家……我可以和你聯絡嗎？」

幾天後，我便透過 Skype 和這位住在南非、名叫彼得的人進行了一次愉快且有建設性的談話。透過那次談話，我得到了一些寶貴點子，也認識了彼得的朋友圈裡的一些人。事實證明，這對我很有幫助。（希望我也有幫助到他。）

這樣的事在一百年前有可能發生嗎？我想應該不太可能。我甚至覺得，如果我是在一九四〇或一九五〇年代收到這樣一封手寫函，可能不會明白裡面的意思，甚至可能會考慮是否要在我家的前門加裝一道鎖。

這樣的事件其實每天都在發生。由此可見我們和我們的行為如何受到環境及科技的影響，即便在我們沒有使用科技設備時也是如此。如今我們已經太過習慣透過網路與他人互動與連結，也習慣每天都接到陌生人的來函、留言或請求，以至於我們不再感覺現實生活中的這類連結有什麼特別之處。由於群體歸屬感可能是推動人類進步最重要的一股力量，因此若說我們都受到了這類連結的影響，其實並不誇張。

間接的連結（弱連結）所造成的影響，可能會以好幾種不同的形式表現出來，其中之一便是人們所謂的「運氣」。

《就是要好運》（*The Luck Factor*）一書的作者是一位名叫馬克思・岡瑟（Max Gunther）的記者。他曾經採訪過成千上百個被周遭的人視為「幸運兒」或「倒楣鬼」的人，結果發現：這些「幸運兒」的行為舉止和那些「倒楣鬼」並不相同，兩者最大的差異在於：前者曾經在不自覺的情況下，和許多不同背景的人建立了弱連結。岡瑟稱這類弱連結為「蜘蛛網架構」（spider web structure）。他在他的書中寫道，為了捕獲獵物，蜘蛛會用許多絲線結網。網子愈大，捕獲的獵物愈多。這就是那些運氣好的人所做的事。他們會花時間建立許許多多、各式各樣的人脈。

換句話說，「幸運兒」之所以運氣好，是因為他們建立了各種弱連結和強連結，而這些連結在他們的人際網絡中交互影響，產生了作用。

我要再說一次：由於好感度所造成的影響可能會讓人感覺是自然而然發生的，因此我們甚至不會注意到它們的存在。如果有人問：我們對一個人的好感度對我們造成了什麼影響，我們甚至可能會認為自己並未受到任何影響，但這類影響有時是很明確的。這在哈佛大學所做的一項研究中便可以看得出來。

討厭鬼、明星和傻子

在工作場所，我們會有許多「直接接觸」和「間接接觸」的例子，因為在那裡，我們會和某些人有密切合作的關係（強連結），和另外一些人則只有表面的接觸（弱連結）。但這正是工作場所之所以如此有趣的地方：兩種關係同時存在於一個屋簷底下。它們共同形成了我們的「社會資本」（social capital）。

為了了解社會資本是如何形成以及它所產生的效果，哈佛大學在二〇〇五年時進行了一項有趣的研究。[19]研究人員檢視了一萬多個職場關係，並根據一般人認為攸關職場關係好壞的兩個特質——能力和好感度，將職場人員分成四大類，請受試者決定他們比較喜歡和哪一類人共事。這四大類包括：

- 能幹的討厭鬼：能力很強但不好相處的人。
- 討人喜歡的傻子：什麼都不會但很好相處的人。
- 討人喜歡的明星：聰明能幹且善於和別人相處的人。
- 不稱職的討厭鬼：這種人的特質大家應該已經猜到了。

這項研究的結果並不很令人意外：大家都想和討人喜歡的明星共事，沒有人想和不稱職的討厭鬼一起工作。但當受試者要在「能幹的討厭鬼」和「討人喜歡的傻子」之間做選擇時，情況就變得比較有趣了。

研究人員詢問各公司機構的老闆會如何選擇時，他們的答案都是：能「把事情做好」才是最要緊的，因此能力永遠比好感度重要，就像一位資訊科技業的主管說的：

「我只在意一個人有多少能力可以貢獻給公司，至於個性好不好，那只是附帶的。」

這樣的回答一點也不令人意外，但是當研究人員開始探討那些老闆實際上的行為時，卻看到了截然不同的情況。事實證明：人與人之間的關係遠比那些老闆所宣稱的更加重要。一個人是否會被接受，取決於他給人的感覺，幾乎與他的能力完全無關。如果他不討人喜歡，那麼他是否有能力就一點也不重要，因為沒有人會想和他共事。反之亦然。如果某個人不討人喜歡，他的同事們就會想方設法地讓他變成一個沒有能力的人，而且他們確實也辦到了。這樣的情況並非只發生在一些極端案例裡，而是普遍存在於那些研究人員所調查的公司機構中。

因此，在已進入網路社會的今天，社會資本的特性和意義變得更加重要。如果想滿足自己在現代生活中的需求，就必須重視我們的人際關係。

改良的金字塔模型

亞伯拉罕．馬斯洛（Abraham Marslow）最有名的一個理論，便是他在一九四八年發展出的「需求金字塔」（hierarchy of needs）。這個金字塔理論在各個領域都是一個重大的突破，我想你對它應該很熟悉了。它的重要性在於：以一種很簡單的方式顯示出人類的幾個重要需求，以及我們滿足這些需求的先後次序。

位於這個金字塔底部的是人類最基本的生理需求，包括穿衣和吃飯。再往上則依次是對安全感、歸屬感、愛和尊重的需求。位於最頂端的則是對自我實現的需求。根據馬斯洛的理論，位於金字塔底部的需求是我們最先要滿足的。當最基本的需求得到滿足後，我們才會逐步往上，去滿足更高階的需求。

儘管馬斯洛的模型有其價值，但其中有一個問題：許多科學研究都顯示，歸屬感可能是人類最重要的一個需求，而非排名第三的需求。

在馬斯洛的模型中，人際關係之所以沒有那麼重要，和卡內基寫書當時所受到的影響有關。這個金字塔理論是一九四〇年代在美國發展出來的，當時大家關注的都是中產階級以及它的發展，人們都堅定地相信個人可以透過其行為發揮影響力，這使得馬斯洛忽略了一個事實：所有的需求幾乎都要透過我們建立的人脈，才比較容易得到滿足。

舉一個很簡單的例子。在馬斯洛的模型中，人類的第一個需求是食物、衣服和居所，但這些東西都必須透過和他人的接觸才比較容易到手。換句話說，我們如果不和他人互動，是無法取得這些東西的。

因此，有些研究人員認為社會關係應該被排在更前面的位置，因為如果我們要滿足這些需求，就必須有能力與他人合作並維持關係。在那些研究人員所提出的一些改良模型中，有一個是我個人覺得很適切的。它的形狀如下：

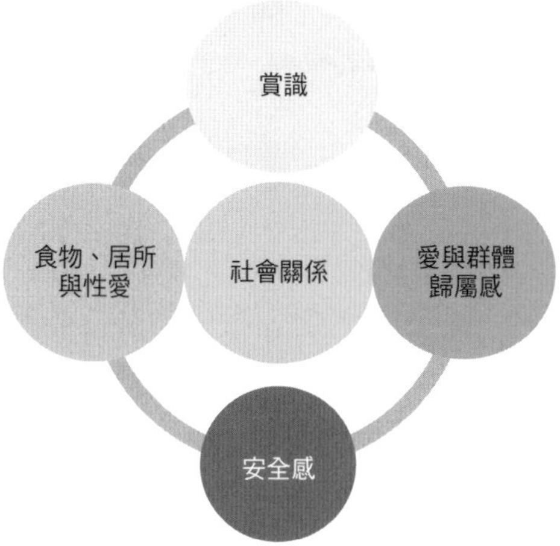

當我們像這樣把人際關係放在中心的位置，就意味著我們已經體認到人際關係會對其他幾個需求造成重大影響，而這又會影響到其他的生活層面，甚至關乎我們是否能夠充分揮發自我的潛能，達成自我實現。

事實上，我們很難想像生活當中有任何一個面向不會受到社會資本的影響。換句話說，我們很難想像生活當中有任何一個面向不會直接或間接地受到好感度的影響。

如果你想在這方面有更進一步的了解，不妨閱讀韋恩．貝克（Wayne E Baker）教授所撰寫的《社會資本制勝：如何挖掘個人與企業網絡中的隱性資源》（*Achieving Success*

Through Social Capital）一書。他主張必須重新思考我們獲致成功的方式，並重視社會關係對我們所造成的全面影響。這是因為在現今的社會環境中，各種形式的社會關係已變得比以前更加重要。根據貝克的說法，我們通常認為成功的因素與個人的條件有關，但事實上，才能、智力、教育程度、決心毅力和運氣這些特質，都必須透過和他人合作才能發展出來。

以上這幾點，都讓我們有充分的理由對好感度的幾個基本元素做更進一步的了解。這也是下一章的主題。

現在你已經覺察到：

✧好感度對我們的日常生活中有重大的影響，只是這些影響有時可能不易察覺。

✧好感度會對我們所接觸到的人造成直接的影響，也會對我們完全不認識或不太熟的人造成間接的影響。

✧現今社會的網絡架構，已使得好感度對我們的影響變得更加重要。

✧身為人類，我們的需求以及滿足需求的方式，幾乎都會受到社會資本的影響，也就是說：它們會受到好感度的直接與間接影響。

第二部

好感度與高度的自我覺察

4 再談好感度

先說說我自己吧：

我家有三個小孩，我排行老二，有兩個個性很拗的兄弟。我哥哥承擔了很多責任，而我弟弟則被寵壞了。他做錯事時，經常不用受到懲罰，只因為他是家裡最小的一個（我是這麼想的）。既然我不是爸媽的第一個孩子，所以類似學走路或掉乳牙之類的事，前面都有人做過了；我也不是最後一個，所以不像老么那麼可愛……因此我發現自己好像兩頭不著邊，倒有點像是個局外人。但關於這一點，我一直沒有意識到，直到長大之後。

有一次，我和家人一起翻看老相簿，看到了我們家房子的照片、我們在節日時開車出遊的照片，以及家裡的三個小孩在各種不同場合的照片。這時我才發現我的哥哥、弟弟都有好幾張獨照，唯獨我沒有。

我的童年過得很快樂，我也一直覺得父母親是愛我的，但身為排行中間的孩子，我無疑養成了一種需要尋求他人認可的心態，而這一點也影響到我在生命中所做的各種抉擇，包括當年我在班上的「娛樂時間」表演魔術的行為，以及我所從事的教書和寫作工作。

這個故事並不怎麼特別，也不煽情，但卻有一個優點：它很真實。身為讀者，你看到這個故事時心裡有什麼感受呢？是否感覺你和我有了某種連結？還是對我這個人感到好奇？

你之所以會有這種感覺，是因為「真實」是我們在和別人接觸時彼此會產生好感的基礎。有了這個基礎，造成好感度的其他兩個因素——「正向」和「關連」就會自動發揮作用。此外，你還必須具有高度的自我覺察力，才能表現出真實的自己。

我將在本章中說明箇中原因以及實際的情況。但首先我要解釋一下所謂「真實」究竟是什麼意思。

什麼是「真實」

我愈研究「真實」和它的重要性，就愈相信「真實」乃是所有美好事物的核心。無論是聽到一個做生意的點子還是看到一本暢銷書，我們人類都有一種天生的能力可以分辨真偽。而且我們喜歡真品，儘管有時要判定真偽並不容易。

舉例來說，如果我們談論的是一顆寶石或一幅畫作，我們會在意它是否貨真價實。但如果我們形容某道菜是「貨真價實」的墨西哥料理，意思其實是：它是否根據某個特定的傳統製作而成。

研究人員一直到最近這幾年，才逐漸了解「真實」在社會情境中的意涵以及它對我們產生的影響。為了以實際的例子說明研究人員在這方面的發現，請容我回到我之前所說的有關我的排行的故事。這個故事說明了兩件事：

- 我有某種形式的自我覺察。
- 我很真誠，也就是說我沒有欺騙自己。

還有，我能在行為中表現出這種真誠（指的是我能夠在這本書裡面提到這件事）。*

因此「自覺」和「真誠」是關鍵所在，但我們應該記住一點：在衡量一個人是否具有這兩種特質時，還是要考慮當時的情境。如果我們坐在一個很憂鬱的朋友對面，聽他（她）訴說心事，我們很可能會盡量避免洩漏自己內心真正的想法，說話也會很小心。但這並不表示我們不「真實」。

相反的，研究結果顯示：能夠察覺到我們可能不適合在當下的情境中表達自己內心真正的想法，反而會讓我們變得更「真實」。[20]

---

* 研究也顯示，對想要被人視為可信賴的組織來說，「自覺」與「真誠」也很重要。

在特定的情境中考量別人的感受和需求並做出調整，並非不「真實」的表現。在上面這個例子當中，如果我們並沒有很注意聆聽那個朋友所說的話，只是人坐在他面前，心裡卻想著待會兒要做什麼，或者說出一些言不由衷的話，那才叫做不「真實」。此外，如果我們為了表現自己的誠懇，卻說出了一些沒有同理心的話，導致我們的朋友崩潰，那也不是「真實」的表現。總而言之，**如果我們無法覺察並權衡當下的情境，做出調整，那就不叫「真實」**。稍後我將會提到如何做出權衡及調整。這裡先讓我們更進一步檢視「自覺」與「真誠」。

自覺

在一九六一年那個酷寒的隆冬時節，我父親工作時傷到了腳踝。當時我只有七歲。有一個多月的時間，我父親一直得坐在家裡，把腳抬高，無法出門。他就像當時其他許多人一樣，如果不工作，就沒有薪水可領。他之前的工作是開著貨車收送尿布。曾有好幾個月的時間，他一直抱怨那些尿布又臭又髒，還說那可能是全世界最糟的一份工作。但如今他賦閒在家，卻一心一意只想回去上班。當時我的母親已經懷有七個月的身孕，同樣無法工作。我們家沒有收入，沒有健保，也沒有親戚可以投靠。過了好幾年後，我仍然很清楚地記得那時我父親躺在廚房裡的那張長椅上，腳裹著石膏，因為無法工作掙錢而一籌莫展的模樣。現在，我回想起那一幕情景，心中頓時對我父親充滿敬意。他雖然沒有完成學業，卻是一個誠實無欺、努力工作的人……

這篇文章當中所描述的並非我的父親。事實上，這是從星巴克的創辦人霍華．舒茲（Howard Schultz）的傳記《Starbucks 咖啡王國傳奇》（*Pour Your Heart into it: How Starbucks Built a Company One Cup at a Time*）一書中摘錄出來的一段文字。

對於身為星巴克總裁的舒茲而言，這個故事很重要，因為它說明了他如今是個什麼樣的領導人。由於他的父親曾經很窮，沒有保險，也沒受過教育，因此今天他才會想當一個尊重員工的老闆。

無論我們是否認為他已經做到了這一點，這個故事都顯示舒茲已思考過他的人生，這件事也影響了他的價值觀，並使他成為今天這個樣子。就某種意義而言，他已經學會認識自我、了解自己的行事動機和驅力。這個故事顯示他有某種自覺，而自覺乃是有效的領導最重要的元素之一。

哈佛大學的學者曾經研究五百多位領導人並總結了八百項有關「自我覺察」的研究。他們發現了三個事實，而且這些事實並不僅適用於當老闆的人。[21]

第一個事實：自我覺察分成兩種

第一種叫做「**內部自我覺察**」（internal self-awareness）。指的是了解我們自己的內在世界以及人格的各個部分，包括情緒、特質、優缺點、想要的東西和行為的動機等，也包括這些部分之所以會形成的原因，就像上述舒茲的例子一般。

另一種叫做「**外部自我覺察**」（external self-awareness），指的是了解他人如何看待我們的這些特質。

你可能會以為我們只要具備其中的一種覺察能力，就會有另外一種。但研究顯示，事實並非如此。有人或許很了解自己，但卻不太會傾聽別人說話，也無法察覺別人如何看待他們。有人很會傾聽別人的意見，也會據以調整自己的行為，但卻沒有注意到他們已經因此而違背了自己的價值觀與目標。在這種情況下，「外部自我覺察」並沒有讓他們變得更真實，反而是更不真實。

因此，和社交情境最為相關並能夠讓我們變得更「真實」、人際關係更好的，主要還是「內部自我覺察」（這其實是一種高度的覺察能力）。

第二個事實：我們往往高估自己的自我覺察能力

我們或許感覺很了解自己，但這不見得是事實。在哈佛大學所做的那項研究當中，那些自認具有高度自我覺察能力的人在被問到更深刻的問題時，只有百分之十到十五的人表現出這種能力。

哈佛大學的這項研究也顯示：歷練愈多、權力愈大的人，對自己的自我覺察能力的認知與他們的實際表現落差愈大，尤其在外部自我覺察方面更是如此。之所以如此，是因為在某個領域有豐富經驗的人，在處事時（例如必須做決定時）往往會倚賴自己的經驗，而且身邊的人往往不會質疑他們，所以也不會讓他們對自己的自我覺察能力產生懷疑。

在這項實驗中，之所以有許多受試者高估自己的自我覺察能力，還有一個很重要的原因：無論是否有經驗或權力，每個人心中對於那些和自己有關的負面資訊都有一種本能的抗拒。這可能會使得我們聽不進他人的意見。稍後我們將會針對這個主題做一個很簡單的練習。

第三個事實：自我省察並不如我們想像中那般容易

我們確實有可能積極運用心智來增進自我覺察，但這並不容易做到，原因是：身為人類，我們並非總是很理性，對自己也不見得誠實。有時候，那些很努力分析自己的人甚至可能會比那些完全不這麼做的人更沒有自覺，理由很簡單：我們的大腦機制很可能會讓我們得到錯誤的答案。

且讓我做更進一步的說明。

當我們嘗試自我分析時，最常問自己的一個問題就是：「為什麼？」

如果我們想透過這樣的問題來了解自己的感受（「昨天開會的時候我為什麼會這麼生氣？」）或行為（「我和X同事開會時為什麼老是遲到？」），這可能會啟動我們的自我防衛機制，因為我們之所以會問「為什麼？」，必然是由於心裡懷著一絲罪惡感。這時候，我們就很有可能會編造出一些讓自己感覺比較好過、但卻與事實不符的答案。此外，研究顯示，類似「為什麼？」這樣的問題往往會讓我們產生一些負面的、沒有建設性的想法。[22] 如果一個學生問自己：「這次考試我為什麼會被當掉？」他可能會開始思索自己的弱點和不牢靠的地方，而非自己的優點和能力。

在哈佛大學的這項實驗中，研究人員訪談了那些具有高度自我覺察能力的人，結果發現：這些人問自己：「發生了什麼事？」的次數有一千次，而問：「為什麼？」的次數只有一百五十次，理由很簡單：「發生了什麼事？」這個問題著重的是未來以及解決的方法。如果考試被當的那個學生問自己：「我被當的原因何在？」或「下次我可以怎麼做？」他就比較有可能進行具有建設性的自我覺察。

在我自己做的研究當中也發現：如果我們能問自己或者別人「發生了什麼事？」，將大大有助於增強自己與他人的真誠度。

真誠

當我研究好感度以及它對ＦＢＩ人質談判代表的影響時，讓我印象深刻的是：他們每個星期都在練習如何在與脅持人質者面對面時盡量不要以自我為中心。（在學術界，這叫做「讓小我安靜的操作法」〔quiet ego functioning〕）

這時，他們往往會提出問題並且認真聆聽劫匪的回答，之所以要這樣做，完全是基於實際的考量：當他們顯示出真心想要了解劫匪的態度時，後者就會更容易信任他們，也會對他們最後所提出的解決方案做出正面的回應，也就是說：那些劫匪最後必然會讓步。

但是，那些人質談判代表要避免以自我為中心時，也必須對自己很誠實。唯有如此，他們才能真誠地面對自己曾經有過的經歷。在情勢混亂且瞬息萬變的人質談判過程中，他們如果要採取有效的行動，就非得這麼做不可。

我對ＦＢＩ人質談判代表的研究也證實：我們面對別人時，如果表現得很真誠，就會顯得比較真實可信，而別人也會有這種感覺。這會讓我們比較容易觸動他人，也會比較能夠採取當時所需要的行動。

但如果在面對別人的批評或聽到我們不喜歡聽的話時，我們採取了防衛的態勢，那麼情況就會變得大不相同。那些比較「真實」的人通常比較不會這麼做。

唯一的問題是：由於自尊心作祟，我們要做到這樣的真誠往往並不容易。我自己就有這樣的經驗。

我和我的自尊心

關於這個問題，讓我印象最為深刻的是許多年前發生的一件事。當時我應邀前往一座小鎮，向當地的一群商人演講。我同意了這項邀約，而且被告知演講的地點在鄉下，距離最近的城鎮還很遠。當時我才剛開始我的演講生涯。每次演講時，我總會請主辦單位在介紹我時務必要提到我的學術成就。那次，我開始演講後，發現大家都很安靜，而且從與會者的表情看來，他們似乎並不是很喜歡我的演講內容。我心裡愈來愈不安，但我一直試著忽略這種感受。然而，愈到後來，我愈覺得我和那些聽眾並沒有什麼連結，而且情況一直沒有好轉。

演講結束後，我的心情簡直糟透了。試想，獨自站在大約一百個顯然並不喜歡你的人面前，那是多麼讓人難受的一件事。（我之前說過，這種被排斥的感覺近乎肉體上的疼痛）。

在搭火車回家的路上，我打電話給我的女友，想找她說一說，並從她那兒得到一點支持。說著說著，我們很快就達成了一個結論：那些聽眾一定是因為心情不太好，所以才故意不想讓這次演講顯得很成功。

幾年後，我決定用這次事件來做一個練習。那是研究「真實」這個特質的學者經常推薦的一個練習。其目的是要讓我們體驗對自己誠實是什麼感覺、我們會面臨什麼樣的障礙，以及當這些障礙開始形成時我們有何感受。

結果做完練習後，我得到了一個和那天搭火車時不一樣的結論。我意識到那次演講時所發生的事情完全都是我的錯。當時，我只是一味地想讓自己顯得很了不起，希望大家都知道我在學術上的成就，但並未試著去了解那些聽眾。這是一個令人難以接受的事實，我必須勉強放下自己的自尊心才能承認這一點。

接下來，我將簡短說明這個練習的做法，以便讓你們也能做做看，藉此體驗我們的自尊心是多麼容易跳出來為我們辯護，使我們更難以對自己誠實。這個練習用的是那個能幫助我們認清事實的大哉問：「當時發生了什麼事？」其方法如下：

1. 集中心思，想著上個月某件進展得不太順利的事情，例如一場會議、一次面試、一次發表會，或你和某個親朋好友所發生的爭執。然後問你自己：當時發生了什麼事？問題出在哪裡？

2. 你得出一個答案後，再問自己一次，試著找出另外一個答案。原因可能是什麼呢？

3. 再次問自己：那個情況是由什麼原因所導致？

一直做下去，直到你總共找出五個原因為止。當我們做這個練習時，得出的第一個答案通常都會有一些為自己辯護的成分。但當我們繼續問下去，就不得不對自己愈來愈誠實。或許你在做練習的過程中也會心生抗拒，那是因為我們的自我被迫要退讓，好讓我們能夠對自己更誠實。在其他一些情境中，你可能也會像我一樣有這樣的感受。

既然我們已經了解「真實」這個特質包含了「自覺」和「真誠」這兩項特質，

現在就讓我們將它運用在社交情境中，看看要如何在和別人相處時把這兩個特質表現出來。

經過權衡的真實

在電影《王牌大騙子》（*Liar Liar*）當中，金．凱瑞（Jim Carry）扮演的是一個住在洛杉磯、名叫佛萊契．瑞德（Fletcher Reede）的律師。他會不擇手段為他那些多半不太誠實的客戶打贏官司，即使撒謊矇騙也在所不惜。他同時也是一個很糟糕、很不負責的父親。當他因為和同事上了床而沒有如約參加兒子麥思的五歲生日派對，麥思在吹熄生日蛋糕上的蠟燭時許了一個很特別的願望：「我希望有這麼一天我爸爸只能說真話，不能撒謊。」

後來這個願望果然成真了。佛萊契有長達二十四小時的時間無法撒謊，只能說實話。當他再次和那個女同事上床後，他對她說：「我以前的炒飯經驗更爽。」劇情一路發展下去，律師事務所的老闆甚至聽到佛萊契罵他是個白癡，而佛萊契也不得不承認自己「是個很爛的爸爸」。

佛萊契這樣做是否展現了他的「真實」？毫無疑問的，他表現出了某種形式的自我覺察，而且他的確也很誠實，但他並沒有權衡當下的情況並做出調整。有些學者曾經針對「真實」這個特質在社交情境中的重要性進行研究。他們把「真實」分成三種：

1. 「被他人扭曲」的真實
2. 「以自我為中心」的真實
3. 「經過權衡並做出調整」的真實

第一種指的是我們雖然盡可能忠於自己的理念，但卻因為別人的影響和期望而採取了違反我們的價值觀的行動。第二種指的是我們在表現自己的「真實」時只考慮到自己，完全沒有同理他人（就像佛萊契所做的那樣）。

第三種就比較平衡了。它指的是一個人採取中庸之道，同時顧及他人和自己的觀點與需求，既體貼別人又不致迷失自己。研究結果顯示，這種做法有助激發創意並維持有意義的人際關係。

「經過權衡的真實」也和高度的覺察力密切相關，因為你要做到「真實」，就必須有能力了解自己以及你所處的情境。

真實與高度的覺察力

現在回到本書的主旨，也就是：如果能提昇你的自我覺察能力，就**可以**降低你在追求人氣時所產生的負面影響，**也能**讓別人對你更有好感。其方法便是展現你的「真實」。真實這個特質和高度自我覺察兩者的關係非常密切。事實上，有好幾項研究都顯示：在許多情況下，當你更能自我覺察時，你就會表現得更加真實。[23]說得更清楚一些就是：

「真實」這個特質和「高度的自我覺察」有密切的關連，你只要提昇其中一

項，另一項必然也會跟著增強。

還有一個跡象也顯示兩者之間有密切的關連：如今，學界已經認普遍認為提昇自我覺察力之所以能夠增進幸福感，關鍵就在於它會讓一個人變得更「真實」。

許多年前，研究人員就已發現：一個人如果更有覺察力，他的幸福感也會提昇。但他們一直不清楚這兩者之間何以會有關連。換句話說：當人們更有自我覺察力時，為什麼會感覺更幸福？近年來的研究顯示其原因就在於：一個人如果能夠自我覺察，他就會變得更「真實」。研究人員發現：當受試者更有覺察力時，他們也會變成一個更「真實」的人，並且對自己更誠實，從而提昇了他們的幸福感。[24]

誠如我先前所言，我們的自尊心往往會讓我們無法敞開心胸，接納關於我們自己的負面訊息。所幸要讓自己變得更真誠，最有效的方式莫過於提昇自己的自我覺察能力。研究顯示，當我們的自我覺察能力提昇後，就能夠有效地「消滅自我」，使我們對自己更誠實，也讓我們在他人眼中顯得更真實。[25]

如果一定要說「真實」與「高度的自我覺察」有何不同，那便是：我們在提昇自己的覺察力時要保持開放的態度，不僅覺察自己的起心動念、價值觀和特質，也要覺察當下的情況、環境與他人。在下一章中，我將會談到在現實生活中應該如何實行。

先前我曾經提到源自「好感度」的正向感受會讓我們變得更加健康幸福，而且當我們變得更加健康幸福時，我們的「好感度」也會提昇。接下來，我要從科學研究的觀點，進一步說明我的模型中的「正向感受」這個概念。就像「真實」一樣，我所謂的「正向」指的不是一種極端的、不自然的正向感受，而是一種比較平衡的感受。且讓我更進一步描述研究人員所說的「正向感受」究竟包括哪些元素。

正向感受

萊莉．安德森是一個十一歲的女孩，住在明尼蘇達州。她的人生在各方面都很美滿。爸媽很愛她，她交了許多朋友，和曲棍球隊的隊友也處得很愉快。除此之外，她還有各種情緒。它們是一群小人兒，駐守在總部（萊莉的頭腦）裡處理各種事務。以下是它們的簡介：

這一隊小人兒是由「樂樂」（Joy）所帶領，其中的成員包括「驚驚」（Fear）、「厭厭」（Disgust）、「怒怒」（Anger）和「憂憂」（Sadness）。這些小人兒透過萊莉腦袋裡的控制面板控制她的感受和行為。她的記憶也是在這裡形成的，形狀像是一個個彩色的水晶球，而且各自帶著某種情緒。萊莉的眼睛是這些小人兒觀看世界的窗口，它們所得到的印象會啟動「總部」裡的活動。

後來，安德森一家搬到了舊金山。突然間，一切都改變了。萊莉到新學校上學的第一天，想到以前的學校和同學，不禁悲從中來，以至於她在向全班介紹明尼蘇達和那裡的一萬個讓她難忘的美麗湖泊時，眼裡滿是淚水。不久，「總部」就起了一陣騷亂。

「樂樂」試著要趕走「憂憂」，但「憂憂」放不下萊莉。於是它們兩個就和那些有關明尼蘇達的回憶一起被吸進了一個管子，落在一個叫做「長期記憶儲存區」的地方（那是一個淡色的球體）。一旦進入了那裡，就很難出來了。

「樂樂」離開「總部」後，萊莉就開始鬱鬱寡歡。所以小人兒目前的任務是讓「樂樂」盡快回到「總部」。這段期間，「怒怒」、「厭厭」和「驚驚」試著做「樂樂」之前的工作，但結果卻一團糟：萊莉不停地和爸媽吵架，在曲棍球隊裡的表現也很差。

小人兒想出的解決方法是把所有的痛苦回憶都放進一個回憶垃圾場。但這個方法也不很管用。當「樂樂」終於意識到「憂憂」的所作所為是為了要激發他人的同理心，好讓他們能在萊莉最需要的時候助她一臂之力時，它們就不再這麼做了。它們發現當它們不讓萊莉感受到「憂憂」的存在時，「樂樂」也消失了。

最後，「憂憂」從回憶垃圾場裡重新叫出了那些痛苦的回憶，於是萊莉便回到爸媽身邊，含著眼淚告訴他們她有多麼想念明尼蘇達州，而她的爸媽也承認他們有同樣的感覺。

故事的結局是，「樂樂」和「憂憂」開始攜手努力創造新的回憶。這代表萊莉已經開始接納她在舊金山的新生活。一年後，萊莉就已經完全適應了她的新家。這時的她不僅交到了新朋友，也重拾往日的興趣，甚至還有了一些新的嗜好。「總部」裡所有的情緒小人兒都很佩服萊莉的成長。如今，在它們的合力打造之下，「總部」已經有了一個可以容納所有情緒的控制面板。

以上是迪士尼的電影《腦筋急轉彎》（*Inside Out*）的情節。那是我最喜歡的電影之一。我之所以喜歡它，不僅因為它是一部很特別的電影，也是因為它充分說明了我在描述何謂「好感度」時所強調的幾個重點。它告訴我們：為什麼一個人必須展現「真實」的自我才能贏得別人的好感。

什麼才是真正的「正向感受」？

《腦筋急轉彎》是電影公司和加州大學的一些研究人員合作拍攝的，其中包括達契爾．克特納（Dacher Keltner）教授。在他的協助下，這部片子呈現了科學家在研究快樂、情緒，以及情緒對人際關係的影響後所得出的結論。現在讓我們來看看它是如何呈現的。

在影片的開頭，「樂樂」的角色很吃重。它是一個藍色頭髮的狂熱小人，唯一的任務就是確保萊莉永遠快樂。但正如我先前所說，這種做法的效果並不是很好。在影片中，我們可以清楚看到：做一個快樂的人絕不只是遇到每一個情況都強顏歡笑而已。

那麼，根據科學研究，到底哪些情緒才算是正向的呢？根據這個領域的頂尖研究員芭芭拉．弗瑞德瑞克森（Barbara Fredrickson）所下的定義，「正向感受」是我們心中同時存在的一些不同情緒。她還研究了這些情緒在我們的生活中出現的頻率。以下排在最前面的是最常出現的情緒：

- 喜悅
- 感激
- 平靜
- 希望

- 產生興趣
- 自豪
- 覺得有趣
- 受到激勵
- 仰慕
- 愛

研究人員所得出的結論是：這些情緒和那些被我們視為不那麼正向的情緒會互相影響，因此我們最好不要過度干預，也不要試圖迴避那些可能會讓人感覺不太愉快的情緒。電影中也說明了這一點。當萊莉一家都感受到搬家所帶來的壓力時，萊莉的媽媽卻勸她要「做一個快樂的女孩」。這件事讓萊莉倍感挫折，也是導致她離家的原因。她之所以感到挫折，是因為她做不到媽媽要她做的事。另外一個例子是：當片中有個角色需要克服他的失落感時，讓他感到好過一些的是「憂憂」的同理與了解，而非「樂樂」試圖假裝正向、粉飾太平的舉動。

當我們檢視「真實」與「正向感受」之間的關連時，要特別注意這一點。研究顯示：唯有**在情境當下自然產生的**正向感受才對人有益。[26]

由此我們要談到「人氣」與「正向感受」之間的關連。事實上，兩者的關連並不是那麼簡單。「人氣」在本質上比較接近短期的愉悅經驗，而非真正的「正向感受」。換句話說，它所帶來的只是比較偏向身體層面的短期「快感」。但要特別注意的是：這樣的快感並不能完全和我之前所描述的那些正向情緒分開。舉例來說，如果我們和一些朋友共進一頓愉快的晚餐，我們除了從食物中得到短暫的愉悅之外，也會產生一種比較深刻的幸福感。

因此，研究人員表示，「真正的正向感受」和「愉悅感」之間的關係就像堂兄弟。也就是說，它們雖然近似，但還是很不相同。「愉悅感」並不會讓我們開始思考，也不會增長我們的能力，反而會讓我們停止思考，就像我們在面臨緊張的狀態時那樣。因此，愉悅感可能會讓我們變得目光短淺，在最糟糕的情況下，甚至有可能使我們為了再次體驗那種愉悅的感覺而不惜付出任何代價。不過，雖然「真正的正向感受」和「愉悅感」之間區別如此之大，它們有時也可以和諧共存，就像「人氣」與「好感度」一樣。

「真實」所扮演的角色

在《腦筋急轉彎》的末尾，萊莉採取了研究人員認為最健康的一種處理情緒的方式：「樂樂」不再躲避「憂憂」。它終於明白「憂憂」是萊莉生命中很正常的一個部分，於是它從此不再批判後者，也不再試圖將它推到一旁。這種對負面情緒比較開放、寬容的態度，使得萊莉開始有了更多不同的正向感受。研究人員稱之為「情緒多樣性」（emodiversity）。

那些專門研究「真實」對人的影響的學者專家也證實了這一點。就像萊莉的例子那樣，他們在一些實驗中發現：當人們感覺自己很「真實」時，更有可能產生我先前所描述的那些正向情緒。當我發現這兩者之間的關連，有兩個實驗特別引起我的注意。在第一項實驗中，受試者被分成兩組。第一組的人員得到了以下指示：

請回想一個讓你感覺自己既真誠又真實的情境。所謂「真實」，指的是你感覺你對自己很誠實，而且能夠依照自己的價值觀和本性行事。請試著在心中再次體驗當時的情況。

第二組得到的指示是請他們回想一個感覺自己並不真實的情境：

請回想一個你覺得自己並不真實的情況。所謂「不真實」，指的是你感覺你對自己並不誠實，而且無法依照自己的價值觀和本性行事。請試著在心中再次體驗當時的狀況。

當受試者完成這個任務後，研究人員便讓他們做了一個小小的測試，藉以評量他們的正向程度，結果發現第一組的人所感受的正向情緒遠高於第二組的人。至此，他們便確立了「真實」與「正向感受」之間的關連。但他們還是很好奇這樣的影響是否是長期性的？也就是說：「真實」所造成的正向情緒是否只是暫時性的效應？它們會不會受到外來干擾的影響？

為了回答這些問題，路易斯安納科技大學（Louisiana Technical University）的研究人員設計了一項實驗，找了兩百三十二名學生來進行相關的研究，結果發現即使在兩個月之後，那些在「真實」方面得分較高的人，仍然比那些得分較低者有更多的正向情緒。換句話說，「真實」與「真正的正向感受」似乎有非常緊密的關連。

正向感受與好感度

本書中有幾篇是在新冠肺炎疫情肆虐全球各地期間撰寫的。那是一個混亂、動盪的時期，我想讀者們應該都經歷過了。這段期間，我就像其他人一樣，努力維持原本的生活步調，做自己該做的事，讓自己不致過度關注疫情。後來，我的出版公司請我去斯德哥爾摩的一間錄音室（距離我家只有一個小時出頭的車程）朗讀我之前出版的一本書，以便錄製成有聲書。當時我欣然接受了這項邀請，因為它讓我有機會暫時脫離居家隔離的生活。但第二天我就碰到了一個問題：瑞典政府籲請所有人民盡可能避免外出。然而，如果要去錄音，我勢必得開車前往那間錄音室才行，這樣一來，我就非外出不可了。不過，我很快就做出決定：我得把這項計畫延後，直到政府放寬旅行限制為止。真是可惜！

在此，我必須提到另外一件事：今年我的新年新志向之一，就是強迫自己每個星期要去健身房運動兩、三次。其實我不該用「強迫」這個字，因為我發現每次我從健身房回來後，都能感受到一些正向情緒，而這正是疫情期間我很需要的。過了幾天，當我從健身房回到家後，腦海裡突然冒出了幾個可以照舊錄製有聲書的點子。我想到我家附近的一所大學擁有很先進的遠距教學設備，或許我可以在那裡錄音？此外，我們鎮上也有一個無線電台，而且這幾年來我曾經有兩、三次去那裡接受訪問。我想他們應該也有可以錄製有聲書的設備，而且在這樣一個時期他們必定很樂意幫助我。

從這件小事當中，我們可以看出幾個重點。首先，我藉著去健身房運動讓自己得以感受到正向的情緒，而不是憑空想像出那些情緒，或者勉強讓自己產生那些情緒。其次，運動健身讓我感覺更有希望（這也是正向情緒之一）。這種充滿希望的感覺改變了我的思考方式，讓我能夠想到更多點子去解決我的問題。當我想出了解決問題的辦法後，我的正向情緒又增強了。如此，當我把有可能解決問題的方案列出來時，我便創造出了新的條件，讓自己得以體驗到更多不同的正向情緒。正向心理學的研究人員稱這種讓既有的正向情緒受到增強的現象為「正向情緒的上升螺旋」（upward spiral of positive emotions）。[27]

這個「上升螺旋」不僅發生在我們內心，也發生在人與人之間，尤其是在人與人之間的信任（這是人際關係很重要的一環）上。研究顯示，當我們的正向感受增強時，我們會更容易信任他人，而他人也會更容易信任我們。

這是因為正向情緒能讓我們以更開放、靈活的思維去面對問題（就像我上健身房的那個例子），也能讓我們對自己更加寬容。當我們對自己更加寬容時，我們也會更願意接納別人。

最早研究這個現象的是一位名叫亞瑟·阿倫（Arthur Aron）的社會心理學家。一九九二年時，他的研究團隊發展出了一項實驗，以及一種評量人與人之間的親密感的方法。他們請受試者觀看七組圖案，每組各由兩個圓形所組成，代表受試者和另一個人（或群體）的關係。兩個圓形交疊的程度愈高，他們之間的關係就愈親密：

如果你想知道他們測驗的內容，不妨自己做做看：

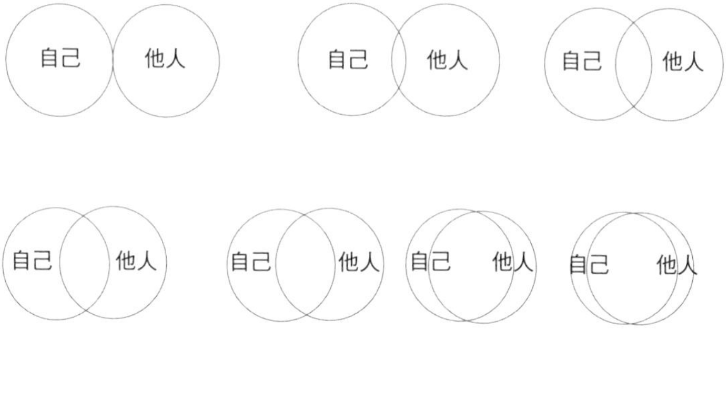

請想像你和你的伴侶或某個好友相處的一個情況。首先，請你回想你們之間某次爭吵或意見不合的狀況。那是什麼樣的感覺？你為何會有這種感覺？然後請你看看那幾個圓形，選出一個最能代表你們的關係的圖形。現在，再請你回想你和那人之間發生過的一個完全相反的情況，一個溫馨、親密、充滿愛的場景。當時發生了什麼事？你說了些什麼話？它發生在什麼地方？當這幕情景浮現在你的腦海中時，你覺得哪一個圖形最能代表你的感覺？很可能這次你選出的圖案的重疊程度會比之前那個更高。

阿倫稱這些圓形所測量的為「自我擴展」（self-expansion）的程度，並指出它代表的是我們感覺另一個人的特性、能力和資源與我們相似的程度。[28]

研究人員曾經在各種不同的情境下研究這個「自我擴展」現象以及它和正向情緒的關連。在其中一項研究中，他們請一群學生在心裡想著某個好友，並選出最能代表兩者關係的圖形。然後，研究人員再讓其中三分之二的受試者觀看不同的電影片段，藉以引發他們的正向或負向情緒。另外三分之一的受試者則沒有受到這類影響。然後，研究人員再請所有的受試者再次選出一個最能代表他們和那位好友的關係的圖形。結果並不令人意外：那些受到正向情緒影響的學生所選出的圖形交疊的程度，都高於其他受試者。

結論就是：正向情緒能幫助我們的自我更進一步擴展，使我們更能接納他人。因此，正向情緒可以改變我們思考的方式，使我們更能**從「我們」、而非「你」和「我」的角度思考**。這樣的思考方式乃是建立好感度最重要的條件之一。

正向感受與覺察力的提昇

如果你認識的某個人經常關注生活中的負面事物，那麼我敢說若你請他描述自己，就會發現他（她）之所以如此關注負面事物，純粹是一種無意識的行為。因此，他（她）口中的自己很可能跟你眼中所看到的不太一樣。這是因為過分誇大負面事物的行為，本質上往往就是在無意識的狀態下進行的。

我在我任教的大學裡有一間辦公室，那裡距鎮上的一座公園很近。午餐時間，我只要稍微繞個路就可以到公園裡走走。這座公園不大，但有幾處水域，還可以看到一些鳥。在這裡散步的時光是我生活當中很重要的一部分，因為每當我感受到壓力、心緒不寧的時候，就可以到那裡和大自然連結（這也是「自我擴展」的一種形式，只是擴展的對象不是人，而是「生命本身」。）。

有一天，我照常在公園裡散步，享受剛剛露面的春日陽光，心中充滿了正向的情緒。但是當我一走進餐廳，發現菜單上居然沒有他們用來宣傳的那道菜時，那些正向情緒就突然消失一空了。

「搞什麼……（嘆了口氣）好吧，沒什麼大不了的。」這是我最初浮現的念頭。在疫情期間，我們通常很能忍受這類意想不到的事情。但當時我之所以會有這種反應，並不是我在深思熟慮後所採取的策略，而是因為我在散步後心情很好。如果當時我處於有壓力的狀態，我的反應可能會像這樣：

「喔！不會吧！又來了！這可不是他們第一次搞這種烏龍呀！」

或許我會在心裡嘀咕：「這家餐廳真是差勁，連官網的首頁都不會更新。這種事情是有多難啊？」（相信我，之前在某些場合，我的反應確實是這樣。）我甚至有可能會找餐廳的經理投訴，而且吃完飯後，我可能還會向我的同事抱怨這家餐廳有多爛。

這兩種反應不同之處在於：第一種反應比較開放、包容，但並沒有否認負面事物的存在。當我採取這種態度時，我就不至於誇大並強化負面的東西。

研究人員稱這種做法為「抵抗負面」（dispute negativity），簡單說就是避免讓自己對一個事件不自覺地做出過於誇張且與實際情況不成比例的反應。換句話說，就是確保自己不致脫離現實。

這種做法雖然不能製造更多的正向感受，卻有助我們體驗到更多的正向情緒。事實上，大多數人體驗到正向情緒的頻率高於負面情緒。研究人員發現：只要我們不讓負面情緒蔓延到失控的地步，大多數人的正向情緒與負面情緒的比例大約是三比一。如果我們能對負面事件採取開放、包容的態度，就能降低自己的壓力指數，使我們能夠以更有效的方式處理突如其來或充滿壓力的情況。[29]

負面情緒對我們其實是可以有好處的，因為它們能讓我們小心翼翼、把重要的事情處理好，並幫助我們做出符合實際狀況的決定。除非我們沒有意識到自己的負面情緒，或者我們的反應與實際狀況不成比例，它們才會對我們造成傷害。

因此，「沒有覺察」（無意識）和「負面情緒」可說是「哥倆好，一對寶」，兩者往往形影不離。「覺察」（意識）和「正向感受」這一對也是如此。

關連

現在我們要談的是好感度的最後一個元素：關連。這指的是「人與人之間的連結」。在此我想用俄國作家列夫・托爾斯泰的著作《人為什麼而活》（*What Men Live By and Other Tales*）當中的一個故事來說明這個元素的意涵：

從前有一個國王領悟了一個道理：他只要能回答出三個問題，那麼無論做什麼事情，他都能成功。這三個問題是：

- 何時是做事最好的時機？
- 誰是我們最重要的人？
- 什麼是每一個當下最重要的事？

國王宣稱，凡是能回答這三個問題的人將可得到重賞。於是各方飽學之士便紛紛前來獻策，但他們所提供的答案各不相同。國王對這些答案感到厭煩，於是決定親自去請教一位以智慧聞名的隱士。

但那位隱士向來過著簡樸刻苦的生活，只願意接待布衣之士，於是國王便穿上他最破舊的衣裳出發了。

當國王快要抵達隱士的住所時，看到那位隱士正在園子裡挖土。隱士看到國王，和他打了一聲招呼後便繼續鏟土。國王眼見年邁瘦弱的隱士已經氣喘吁吁，便命令他的士兵們留在原地，獨自一人朝著隱士的房子走了過去。

「有智慧的隱士呀！」國王開口說道。「我來向你請教三個問題的答案：何時是做事最好的時機？誰是我們最重要的人？什麼是每一個當下最重要的事？」

隱士聽了後並未停下手邊的工作，仍然繼續掘著土。

「你這樣太辛苦了！」國王表示。「把鏟子給我，讓我來吧！」

「謝謝你。」隱士說罷便把鏟子遞給國王，然後走到一旁，在地上坐了下來。

國王不停地挖著土。過了幾個小時之後，太陽開始要下山了。國王挖完了兩爿土之後便停了下來，再度提出那三個問題。但隱士並未回答，只是站起身來說道：

「現在換我來挖吧！這樣你就能休息了。」

但國王並未把鏟子遞給他，仍然繼續挖著。到了夕陽西下時，國王便把鏟子插進土裡，大聲說道：

「智者，我之所以來拜訪你，是要為那三個問題尋找答案。如果你不能回答就老實說，我就告辭了。」

「你看，有一個人跑過來了。」隱士說道。「讓我們看看來者何人。」

這時，國王看到一個滿臉鬍鬚的男子從森林裡跑了出來，他的腹部有一個傷口正在流血。男子跑到國王和隱士面前後就倒地不起，於是他們兩人連忙脫下身上的衣服幫他止血，過了一會兒之後才把血止住。然後他們又拿了一些水給那男人喝。

第二天早上國王醒來後，一抬頭便看到那個大鬍子男人站在他前面，看著他說道：

「請原諒我。」

「你要我原諒你什麼呢？」國王答道。「我又不認識你。」

「你不認識我，但我認識你。你是我的仇人。當你把我哥哥關進牢裡並將他的土地充公之後，我就發誓一定要找你報仇。我聽說你要去拜訪那個隱士，於是就在路上等著，以便在你回程的路上把你殺掉。但我等了一整天，都沒看到你。於是我開始去找你，可是後來我遇見了你手下的士兵，被他們刺傷了。要是你沒有照顧我，我可能就因為失血過多而死掉了。現在，只要你願意，我在有生之年都會忠心耿耿地服侍你。請你原諒我！」

國王聽了很高興，不僅原諒了這個男人，還答應歸還那筆被充公的土地，並允諾回到家後會請御醫繼續照料他的傷勢。

在動身回家前，國王再次去見那位隱士，對他說道：

「智者，這是我最後一次問你了。你能回答那三個問題嗎？」

「你已經有了答案！」那隱士回答。接著說道：

「如果你沒有體諒我年老體衰，就不會幫我挖土。如果你立刻啟程回家，你就會受到攻擊。所以，最重要的時間就是你幫我挖土的時候，最重要的人則是我，而最重要的事就是做一些對我有益的事。當那個大鬍子跑過來，最重要的時間就是你照顧他的時候，否則不但他活不成，你們兩個也無法和解。所以，在那個當下，他是最重要的人，而你為他做的事就是最重要的事。」隱士說完後便陷入沉默，接著又說道：

「請記住：最重要的時刻永遠是**現在**，因為只有在當下我們才能做自己的主人。最重要的人永遠是此刻就在我們面前的人，因為沒有人知道你這一生是否還會遇見其他人。而最重要的事就是做對你眼前的這個人有益的事情，因為那是我們存在的理由。」

我之所以喜歡這個故事，是因為它巧妙地說明了**所謂的「人與人之間的關連」，指的就是「即時為眼前的人創造價值」**，而且不是基於習慣或個人的成見才這麼做。

我們和別人在一起時，必須像故事中的國王一樣，拋開自己原本的打算或期望，完全接納當下的情境，因為唯有在當下，我們才能創造真正的價值與意義。

追求人氣和好感度，其實就是在追求人我之間的連結。當我們追求人氣時，我們和他人之間的連結是建立在我們的「自我」之上；但追求好感度時，我們和他人的連結則是建立在我們的人格特質之上。儘管我們永遠無法真正擺脫我們的「自我」。但如果我們能為遇見的人創造價值，除了能夠增強和他們的連結之外，也能滿足我們的「自我」想成為一個重要人物的需求。

因此，「人與人之間的連結」乃是好感度的核心因素。如果我們能設法提昇自己的「正向感受」，並且讓自己更能成為一個「真實」的人，然後再採取一些行動，就能增進自己與他人之間的連結。

沒有意義的馬鈴薯

一百多年來，心理學家一直在思索「與人連結」的重要性。有許多極有影響力的現代心理學家都曾經思考其中的意涵，其中之一便是卡爾・羅傑斯（Carl Rogers）。他經常說起童年時在家中的地窖裡看到的一箱馬鈴薯。那箱馬鈴薯被放在一個小窗戶下方幾公尺的地方。羅傑斯注意到箱子裡的馬鈴薯所發出的芽是白色的，而種在戶外的馬鈴薯所發的芽則是翠綠色的。同時他發現那些白色的芽一直朝向從小窗戶照進來的光線伸展，長到幾乎有一公尺長。羅傑斯寫道：

「那些顏色怪異的馬鈴薯芽拚命地朝著有光線的方向生長，但它們永遠不會成為植物，永遠不會成熟，也永遠無法實現它們的潛能。」

這是一個悲傷的故事，講述的是一種極端沒有意義的狀態。那些馬鈴薯被放在地窖裡，顯然無法實現它們的潛能，對他人也沒有用處。

當我們感覺生命不再只是一個漫長的旅程，而是我們能夠學習、成長，並且對他人做出貢獻的過程，我們便處於正向心理學學者所謂的「心盛」（flourishing）的狀態。這時，我們的真實、正向以及與他人的連結，便會使他人自然而然對我們產生好感。而這樣的好感度其實與他人對我們的看法無關，而是建立在高度的自我覺察上。

由於這點非常重要，因此接下來我將用一整章的篇幅來加以討論。

現在，你已經覺察到：

✧真實、正向與關連是構成「好感度」的要件，而好感度源自我們和自己的關係。

✧要做到「真實」，我們必須要自我覺察、真誠待人，而且在我們的行為中表現出這兩種特質。

✧真正的「正向感受」指的是接納、包容自己的情緒，並且不會無意識地誇大負面的事物。

✧「關連」指的是在自己的行為中表現出「真實」與「正向」的特質，從而為他人創造價值。

5 自我覺察能力的提昇

認知心理學界有一句頗具爭議性的名言：「有了知識，這場戰役就贏了一半。」（Knowledge is half the battle.）這句話出自一九八〇年代美國一個卡通節目裡的人物，他名叫喬，是個大兵。他總是會給電視機前的兒童一些很實用的勸告，例如過馬路時要小心或晚餐時要吃蔬菜等等。到了節目最後，喬總是會高呼：「有了知識，這場戰役就贏了一半。」而孩子們就會齊聲回應：「知道了！」

我想這句話可能把事情簡化了。科學家的研究結果也證實了我的看法。知識確實很重要，但往往不足以打破舊有的習慣和行為模式。不過，當我們想了解自己並讓自己有動機做出改變時，知識就非常寶貴了。同時，要想提高覺察力，也必須先了解相關知識。

有人認為：當我們想改變自己的行為時，之所以必須從知識面下手，是因為每個人都受到理性邏輯和情感邏輯的影響。*以知識為基礎的邏輯往往不足以改變一種行為，但有了相關的知識之後，我們會更了解自己的行為，也會更有動機去改變。如果沒有知識，我們甚至不知道有一種改變是值得我們去嘗試的。正如一位研究人員所說：

「有了知識，這場戰役並非就贏了一半，但如果沒有知識，我們甚至不會知道還有一場仗要打！」

我在本書中也是採取相同的做法。本書的前半部旨在傳達知識，讓大家了解追求人氣的行為本身的矛盾之處，以及它對我們的生活所造成的影響。有了這個背景知識之後，現在我們就該討論如何提昇自己的覺察力了。

在本章中，我將說明所謂的「高度覺察狀態」（a higher awareness）有何科學根據。在某些領域中，這種覺察狀態被稱為「正念」（mindfulness），但我之所以沒有使用這個名詞，是因為它已經被用來代表若干冥想技巧（稍後我們將會談到）。

這些技巧的作用是在引導人們提昇自己的覺察力，但它們只是其中的一種方法而已。在下一章中我將說明幾種已經被科學界認可的方法。

在說明何謂「高度覺察狀態」之前，我想先和各位分享一個寓言故事。我初次讀到這個故事時就深受影響，這些影響至今猶存。希望它也能對你產生同樣的效果。這是二十世紀初期日本作家暨詩人鈴木大拙所寫的一個故事。

虎與草莓

一個學生因為學習成績不佳，頗感挫折，並且對自己的前途感到憂心，於是去請教他的老師。

「我來講個故事。」那位老師說道。「一個和尚行走在森林深處的一條小溪旁邊。他每天都會來這條溪流汲水。當他彎腰打水時，聽到身後的草叢中傳來一個聲

---

* 參見諾貝爾獎得主丹尼爾・康納曼（Daniel Khaneman）的著作《快思慢想》（Thinking, Fast and Slow）一書。

音。他轉過頭去，看到一隻大老虎正虎視眈眈地看著他，一邊還舔著嘴巴。和尚見狀便連忙起身，丟下手裡的水桶，一溜煙逃走了。老虎也跟在後面，緊追不捨。

「和尚穿過濃密的林木後來到了一座懸崖。他在崖頂駐足，往下一看，只見崖底深達二十公尺，布滿了尖利的岩石。他如果跳下去，必死無疑。就在這時，老虎撲了過來。和尚心想：跳下去摔死總比被老虎吃掉好，於是他便縱身跳下懸崖。墜落之際，他本能地伸手去抓崖壁上的藤蔓，以便減緩下墜的速度，結果抓到了一根從崖頂上垂下來的粗大樹枝。他抓住那根樹枝，往下看了看谷底的岩石，又抬頭看了看崖頂那隻正在怒吼的老虎。

「突然間，他發現藤蔓上有一顆已經成熟的碩大草莓，於是他便將它摘下來送進嘴裡，細細地咀嚼，品嚐它的味道。他心想，這真是我吃過最美味的草莓了。」

老師說到這裡便打住了。學生等得有些不耐煩，想知道故事後來的發展，但老師卻沒有繼續往下說。於是他便忍不住問道：「就這樣了嗎？沒有了嗎？這個故事的重點是什麼呢？」

老師答道：「重點是我們在活著的時候必須好好體驗自己所過的生活。」

學生聞言又問：「可是這點我們都有做到呀！我們活著就是在體驗人生。不是嗎？」

「不！」老師答道。「我指的不光是活著而已，而是好好體驗生活，無論其中的滋味如何。」

「這和那個故事有什麼關係？」學生非常迷惑地問道。

「你老是擔心未來、擔心過去，所以你也是被一隻老虎追趕著。但你不能活在恐懼中，這樣你將會錯失眼前正在發生的一切……」老師最後說道。

學生聽完後陷入了沉默，接著臉上就露出了笑容，之後他便離開，繼續照常幹活去了。

「活在當下」這句話我們已經聽太多了，但如果你認為上面這個故事是要我們「活在當下」，那你就小看它了（那個學生說得對，我們每一個人都會以某種方式活在當下）。這個故事的重點其實是要說明我們的大腦有兩種模式，一種是要採取行動，另一種則是去體驗事物。同時，它還說明了當我們在這兩種模式之間轉換時會發生什麼事，因為這是覺察力提昇的基礎。

「存在模式」與「行動模式」

我們所有的心智活動都會在大腦中各自以不同的形式呈現。當我們進行不同的心智活動（如閱讀、繪畫或與人交談）時，大腦會以不同的模式運作。每種心智活動所連結的大腦區域和系統可能也不盡相同，而且這些系統可能會彼此連結，形成特殊的網絡。

如果我們在從事日常活動時，用一架磁振顯影儀器來偵測自己的腦部活動，就會發現我們在轉換工作時，大腦會從一個系統轉移到另外一個系統。研究人員把這些不同的工作方式稱為大腦運作的「模式」，就像汽車的排檔一樣。[30]

我們開車時，會在不同的情況下（例如發動車子、加快速度或定速巡航時）打到不同的檔位。同樣的，大腦在進行不同的心智活動時也會切換到不同的運作模式。在下文中，我有時會把其中兩種最重要的模式稱為兩種「肌肉」（muscles）。

這兩種模式分別是「行動模式」（the doing-mode）和「存在模式」（the being-mode）。研究人員發現「行動模式」可以說是「標準模式」，它會啟動我們大腦內一個叫「前額葉皮質」的區域，以及位於「海馬迴」的記憶功能。「行動模式」之所以被稱為「標準模式」，是因為這個部分的大腦往往極其活躍，因此當我們的生活中沒有發生什麼特別的事情時，它往往就會處於被啟動的狀態。

假設在一個夏日裡，你坐在一座防波堤上，享受著那拂過髮稍的微風，並啜飲著你手裡拿的一杯冷飲。如果這時你突然想到現在應該是你預約要去洗衣房洗衣服的時間，但你卻完全忘了這回事，接著你又開始想：接下來幾天不知道還能不能預約到時間。這時，你就進入了「行動模式」。這個系統是靠意念或想法運作的，而所謂的「意念」包括各種形式的計畫、白日夢和思考。

處於這個模式時，我們最喜歡做的事情就是設定目標並努力採取行動，以達成這些目標。要有效地執行任務，我們的大腦勢必要專注進行所謂的「差異監控」（discrepancy supervision），也就是監控我們的外在生活，注意我們的現狀和我們所期望的未來之間是否有任何差距。如果有，大腦就會把能量用來推動我們，讓我們朝著自己想要的目標前進。這是很合理的一種做法。

值得注意的是：「行動模式」是我們生活中很重要的一種功能。它能讓我們在享受精采、刺激的生活之餘，也能應付日常事務。舉例來說，當我們要從事每週例行的採買或在 IKEA 買了一個新的書櫃回家組裝時，就很難不用到這個功能。但如果我們把這個功能用來對付自己，那就會出問題了，因為這樣做可能會讓我們沉溺在可能沒什麼建設性的想法當中。

大腦的另外一種重要運作模式便是「存在模式」。研究人員發現這種模式的重點是讓我們好好體驗眼前的事物。當我們處於這種模式時，大腦內的「腦島」（亦稱「島葉」）和「前扣帶皮質」會被啟動。當我們正在體驗某個事物，或者主動把我們的注意力導向某處時，「腦島」和「前扣帶皮質」都會處於很活躍的狀態。如果你置身於防波堤上時，專心體會坐在那裡的感覺，體會你的身體被風吹過時的反應，體會炎熱的太陽照在你的肌膚上的感覺，以及吸啜冷飲的滋味，那麼你就是處於「存在模式」。那個掛在崖壁上的和尚在還沒遇到老虎之前，以及他專心品嚐草莓的滋味時，也是處於這種模式。所以，如果我們能好好鍛鍊這種能力，就能讓自己更容易切換到「存在模式」並體驗當下的事物。

有些研究顯示，這「行動模式」和「存在模式」彼此呈負相關。如果你在組裝從 IKEA 買回來的新書櫃時心裡想著即將和老闆開會的事，就會較有可能出錯，因為當你把心思放在未來，你就不再處於「存在模式」了。

幸好，反過來也是如果。如果你在組裝書櫃時，用心體會木頭栓子插進板子的感覺，避免將它插得太深，這時你就是在體驗組裝書櫃的感覺，所以你就會處於「存在模式」。

我們都可以看得出來，如果我們坐在夏日的防波堤上，心裡卻想著自己忘了洗衣服這件事，顯然就錯過了某個可貴的經驗。然而，我們在日常生活中確實有許多事務要處理，那麼我們在這類情況中該如何操作這兩個「檔位」呢？在日常生活中，我們因為太過依賴「行動模式」而錯失了某些東西的頻率究竟有多高？

答案是：非常非常高。

日常生活中的「行動模式」

我記得有一次我要去某個地方演講，結果在火車站裡遇到了一個熟人。當時我搭的那班車就快要開走了。

「祝你演講順利。」我們分手前他對我說道。

「謝謝，你也是。」我回了一句後便上了車。

事實上他並沒有要去演講，所以我不應該回答：「你也是。」但一直到我們分手了好一會兒之後，我才意識到我並沒有認真聽他在說什麼。也就是說，當時我是處於一種無意識的狀態，只是機械化地做出回應，因此說出了並不恰當的回答。

究竟在我們的日常生活中，類似這樣的狀況有多常發生呢？哈佛大學的心理學研究員馬修・季林思沃（Matthew Killingsworth）和丹尼爾・吉爾伯特（Daniel Gilbert）對這個問題很感興趣，於是他們便決定做一項研究來找出答案。他們找了兩千兩百五十個自願受試者，測量他們是否經常在做一件事情的時候想到另外一件事。季林思沃甚至為此研發了一款專供 iPhone 用戶使用的 app，讓他們得以在隨機選定的時間點蒐集到那些受試者的資料，並測量以下這些項目：

- 他們當時有多快樂？
- 他們當時在做什麼？
- 當他們在做那件事時心裡在想什麼？

受試者在回答他們當下所從事的活動時，有二十二個項目可供他們選擇，其中包括外出散步、吃飯、看電視或購物等。如此研究人員便可分析他們在從事不同形態的活動時是處於什麼樣的意識狀態。

結果顯示，這些受試者在從事手邊的工作時，有四六．九%的時間是在想別的事情。在被問到不同的活動對他們的幸福感有何影響時，他們表示在做愛、健身或和別人談話時最為快樂，在休息、工作或坐在電腦前面時最不快樂。

讓他們最不快樂的三種活動有一個共通點：在從事這些活動時，他們都有餘裕分心，從而使得他們有可能進入「行動模式」。但在從事和身體比較有關的活動（例如在健身房鍛鍊）時，他們就比較有可能停留在「存在模式」。所以結論就是：我們**在從事某項活動時是否感到快樂，主要取決我們當下是否能專心體驗該項活動**，而非活動的性質。

另外一個重點是：我們從一個模式切換到另一個模式時究竟發生了什麼事？我相信這項研究當中的受試者在開始進行他們手邊的活動時都很專注於當下（要開始進行一項活動時，你往往非專注不可），但之後就在不知不覺之間從「存在模式」進入了「行動模式」，因為大部分人的情況都是如此。

不過，一旦我們發現自己開始想到別的事情時，還是可以讓自己重新回到「存在模式」。科學家們發現，要做到這一點，必須具備三個要件：意向、注意力和態度。關於這三點，我稍後會做詳細的說明。

事實上，多倫多大學的一個研究團隊發現：我們只要經過訓練就能夠在這兩個模式之間切換自如，而且如果我們經常這麼做，就會愈來愈熟練，使自己往後更容易轉換模式。了解這點對我們的覺察很重要，因為研究顯示，那些不知道有這兩種模式存在的人，比較容易被卡在「行動模式」裡出不來。[31]

因此，當我們要切換模式時，必須對這兩種模式有所了解。牛津大學的馬克·威廉斯（Mark Williams）教授花了許多時間分析「行動模式」和「存在模式」所代表的意涵。他發現我們的思維方式有七個組合，每個組合各包含兩種完全相反的狀態，而這兩種狀態各自代表不同的模式。這七個組合如下：

1. 自動駕駛模式vs.有意識的選擇

「自動駕駛模式」是「行動模式」的一部分。這種模式的存在有其必要性，因為這樣我們在從事例行的活動時就不需要再用腦筋。如果沒有這種能力，那麼我們每天都需要重新學習如何騎腳踏車，有趣的是，大多數人都沒有察覺到自己有這種「自動駕駛」的行為。但如果我們太習慣這種模式，以致無法在必要時切換到「存在模式」（更高的意識狀態），就會造成一些問題。因此，為了達成行動的目標，不讓自己一直處於「自動駕駛模式」並因而走錯方向，我們必須視情況切換到「存在模式」。

2. 分析事情vs.感受事物

當我們處於「行動模式」時，會非常喜歡分析事情（無論是哪一種分析），而且大多數人都很擅長此道，因為這是我們的標準模式。但問題在於，分析的結果可能會把我們帶往錯誤的方向，因此我們需要有能力在必要時切換到「存在模式」，讓自己能以比較不帶成見的眼光來觀看當下所發生的事。這意味著我們能接納並欣賞周遭的事物，宛如初次見到它們一般，就像故事裡的那個和尚和他的草莓。

3. 追求目標 vs. 接受現狀

我們如果要過著精采有趣、愈來愈好的生活，就要努力奮鬥以達到自己所設定的目標。這必須在「行動模式」中才能做到。但如果太常處於這樣的模式，我們可能會變得目光如豆，一味地追求完美。這時，我們就需要切換到「存在模式」，讓自己更能包容不完美的事物，以免為自己帶來不必要的壓力。人們在追求人氣時往往是處於「行動模式」，因為這種模式會讓我們把焦點放在自己身上，並且往往會促使我們去做各式各樣的社會比較。

4. 把自己的想法當真 vs. 認為它只是一時的念頭

「想法」或「念頭」可說是「行動模式」賴以運作的基礎，但有時我們必須對自己的想法提出質疑。大多數時候，我們的想法確實反映出現實的狀況。比方說，你如果想到外地去拜訪一個朋友，就必須記住你的目的地、規劃行程並付諸實行，然後你就能到達那兒。這時，你當然沒有必要問自己：「我真的要到那裡去嗎？」

但在其他情況下，如果我們對自己的想法深信不疑，可能就會造成一些問題。比方說，遇到某個情況，我們的心裡可能會想：「我還不夠好。」或者「如果再發生這種事情，我就要發瘋了！」這時，我們就有理由懷疑這樣的想法是否有道理。要知道，有些想法只是一時的念頭，不一定反映現實的狀況。

5. 避開 vs. 靠近

「行動模式」不僅會讓我們專注於自己的目標，以期解決問題，也可能會讓我們避開我們不想要的東西。比方說，假設你現在正走在路上，要去拜訪一個朋友。你知道如果你想及時抵達，就不應該在哪個路口拐彎，那麼這是一件好事。但如果我們在一些涉及心理和情緒的狀況下也這麼做，就會產生問題。比方說，當我們被工作搞得疲憊不堪、壓力很大時，就不應該為了達到工作目標而刻意迴避這些感受，因為那只會讓我們壓力更大。但要進入「存在模式」，我們不能只是告訴自己「不要那麼緊張啦！」，而是要更同理自己，不迴避自己真實的感受。

6. 想著過去或未來vs.專注於此時此地

「行動模式」對我們最糟的影響就是讓我們不由自主地回憶過往或操心未來。如果我們太常處於這種模式，就會把過去或未來的事當成現在式，並且做出反應。這樣一來，就有可能在事情尚未發生時就因為過去的經驗而感受到壓力。相反的，「存在模式」則能讓我們把注意力聚焦於此時此地，並且看清事情的本質：回憶只不過是回憶，計畫也不過是計畫而已。因此，如果我們在回憶往事或規劃未來時能更有覺知，就不致誤把往事或計畫當成眼前的現實。

7. 耗損能量vs. 補充能量

誠如先前所言，當我們處於「行動模式」時，就會忙著去執行一個又一個的任務，以便達成某個目標或成為我們想要成為的那種人，但卻不太會考慮到這樣做是否真的對我們有益。這種做法可能會讓我們見樹不見林，看不清楚大方向，使我們錯過機會，不去從事那些雖然無助達成目標、卻能讓我們蓄積能量的活動。

當我們處於「存在模式」時，就能看清這類活動對我們而言其實非常重要。如果我們一味追逐目標而不去從事這類活動，將會在健康方面付出很高的代價。

關於以上這七個組合，有一個很有趣的現象：威廉斯發現如果我們能切換其中的一組，其他幾組也會跟著切換過來。以第一組「自動駕駛模式vs.有意識的選擇」為例，如果我在某個情境中能夠脫離「自動駕駛模式」，我就會表現出屬於「存在模式」的其他幾種特質，變得更有同理心、對事對人更加寬容、更能活在當下，也更重視那些能夠讓我們補充能量的活動。如此看來，這些特質都有連帶關係，也都是同一個模式的不同表現。

如果我們檢視以上這七項，就會發現：當我們要解決實際的問題並從一種模式進入另一種模式時，「行動模式」是很好用的。但正如我先前所言，當我們把這種模式所擅長的分析能力用在自己身上時，我們就會開始和別人比較。

社會比較——「行動模式」最擅長的事

先前已經提過，我們之所以想要追求人氣，主要因素之一便是我們做了「社會比較」。「做比較」是我們在「行動模式」中很喜歡做的一件事，問題是我們往往是在無意識的狀態下為之。我曾經在第一章中提到，即便是在最好的狀況下，要進行社會比較也不容易，但在最糟的情況下，這樣的比較會讓我們產生錯誤的認知。無論如何，只要我們處於「行動模式」，就很容易這麼做。讓我們來檢視一下社會比較和我們的意識狀態之間的關連。

提昇覺察力就不怕社會比較

關於社會比較對我們的日常生活所造成的影響，有研究顯示：那些經常和別人比較的人會感受到焦慮、嫉妒、罪惡感和後悔等負面情緒，也比較容易採取自我防衛的態勢，甚至較常說謊。為了探究當人們的自我覺察能力提昇後會對這類負面情緒產生什麼影響，也為了了解我們是否能透過提昇自我覺察能力的方式，來改變自己所受到的影響，哈佛大學的艾倫・蘭格（Ellen Langer）教授做了一項實驗。[32]

她找了八十二個學生來當受試者。她先測量這些學生的覺察程度（稍後你也會有機會做這個測驗），然後再讓其中一部分學生練習從不同的角度來看待事情，藉以提昇他們的覺察力。她所用的方法是讓他們閱讀以下這段文字：

> 一件乍看之下是負面的事情如果從另外一個角度來看，可能是正面的。同樣的，一件從某個角度來看是很好的事，如果從另外一個角度來看可能就不是那麼好了。

舉例來說，如果你因為摔斷了腿而住院，這看起來可能像是一件壞事，但如果你因此而有機會省思自己的生命，那麼它可能就是一件好事。同樣的，當你不得不搬到另外一個城鎮生活，如果你很看重自己和家人相處的時間，那麼它對你來說就是一件壞事，但如果你喜歡探索新的生活方式、認識新的地點，那它對你來說可能就是一件好事了。

接著，研究人員便讓這些受試者閱讀十個有關負面事件的例子，並問他們：「如果從另外一個角度來看，這些事件可能會有什麼樣的好處呢？」並請他們各自寫下答案。

隨後，研究人員分給每位受試者一組彩色粉筆和一張紙，請他們各自畫出一隻大象（或一個男人和一隻狗），過了五分鐘後再請他們把自己畫的圖放進一個文件夾裡。

在此之前，研究人員已經在部分受試者的文件夾裡放了一張由別人畫的類似的圖畫，讓那些受試者以為那是另外一個學生畫的。這樣做的目的當然是要讓他們看到那張圖，並且拿來和自己畫的做比較。在這些受試者當中，有半數的人看到的圖是由職業畫家所畫的，另外半數所看到的則是一張外行人的塗鴉之作，其目的是讓前者做「向上比較」，並讓後者做「向下比較」。

然後研究人員又讓這些受試者再畫一張圖，並請他們同樣放進一個文件夾裡，但上次看到專業畫家的作品的人這回看到的是一張塗鴉之作，而原先看到塗鴉之作的人這次看到的則是專業畫家的作品。除此以外，其他步驟都一樣。

這項實驗的目的是要觀察那些做了社會比較的人和沒做社會比較的人對自己作品的滿意程度，以及他們在做這項練習時的感覺有何差異，並看看覺察力的提昇在這方面有何影響。

分析的結果顯示：那些沒有做社會比較的人對這項練習的感覺遠比那些有做社會比較的人正向。那些做了社會比較的人則比較不滿意自己所畫的作品。就連那些看到比自己差的畫作（做向下比較）的人也是如此。

最後，研究人員發現：那些在參加實驗前做過提昇覺察力的練習的人，**比較不會受到社會比較（包括向下比較和向上比較）的負面影響**。

這是本書所要傳達的一個非常重要的訊息，因為我們之所以會追求人氣或地位，正是因為我們喜歡與他人比較，因此大多數人都必須學習如何面對自己的這種行為，尤其在我們的社會已經集體處於「行動模式」的情況下，我們會很容易受到影響。

構成「存在模式」的三個要素

我先前曾經提到，一些學者曾經研究「存在模式」是由哪些要素所組成，結果他們發現了三個很有趣的要素。這三個要素協同作用，讓我們能對某件事物有更深切的體驗。因此，要讓自己得以實際進入「存在模式」，第一步便是了解這幾個要素是如何產生作用的。它們的關係如下：

「**目標**」指的是我們在體驗自己當下的情境時刻意要達到的目標。有了目標之

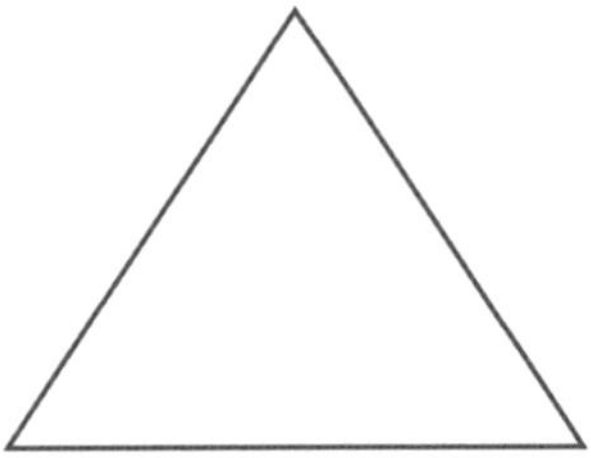

後，我們便為眼前的情境定了調，知道自己該以什麼方式面對它。如果我們要避免做出無意識的行為，這便是我們要採取的第一個步驟。我們都曾經有過這樣的經驗：坐在電腦前面想回覆一封電子郵件，但注意力卻被其他郵件吸引住了。過了一個小時之後，當我們關掉電腦時，已經忘了那封郵件的存在。這個例子告訴我們：雖然我們當下的目標並非「不要回覆電子郵件」，但如果我們不注意自己的目標與行動之間的關連，就有可能進入「自動駕駛模式」，做出無意識的行為。

「存在模式」的第二個要素是「**注意力**」。這指的是我們把注意力放在自己的內心世界，感受自己當下的情緒和想法，但同時也注意外在的環境。

注意力不僅是我們要體驗某個事物時所必備的要

件，也能在我們面臨壓力時發揮療癒的作用（這也是「完形治療」所使用的一個方法）。不過，注意力有兩個面向：一方面我們要有能力把自己的注意力切換到不同的模式，另一方面我們也要有能力使它不致渙散。但我們之所以要這麼做，並不是因為要建立某種習慣（事實上我們是要打破自己的慣性），而是因為：如果我們能隨時切換自己的注意力，並且好好體驗我們眼前的事物，長期下來，我們的大腦結構和運作方式都會產生改變。

「**態度**」指的是我們的注意力所具有的特質。當我們處於「存在模式」時，我們會展現出好幾種態度。這些態度在不同的情境中可能會以不同的組合顯現出來。換句話說，我們很難清楚地加以描述或界定。它們包括以下所列的幾項，不過有時候並不容易區分：

- 不批判
- 有耐心

- 順其自然
- 接納
- 放下

如果仔細審視，就會發現故事裡的那個和尚的表現顯然具足了這三個要素。我們可以想像他當時是有意識地把自己的注意力從老虎轉移到草莓上，目的是要讓自己去注意草莓，忽視老虎的存在。接著他便專心體會採摘草莓的經驗，並細細品嚐它的滋味。這時他所展現的態度和在逃跑時不同，在我看來也顯現出了以上這幾種特質。

因此，「存在模式」兼具「目標」、「注意力」和「態度」這三種元素。其中，「目標」決定了我們要以什麼方式面對當下的情境，「注意力」則像一支手電筒，照出了我們內在或外在的真實情境，而「態度」則可以讓我們在專心體驗當下時不致進入「行動模式」。當然，我們面對一個情境時，這三種元素可能會同時兼具，但在不同的情境中也可能會以不同的順序出現。

「存在模式」與社群媒體

我們了解了「存在模式」的三個元素後，可以得到一個實際的好處。舉例來說，佛羅里達大學有兩位研究員就開發出了一種方法，運用這三個元素來影響年輕人使用社群媒體的方式，讓他們更能覺察自己當下的行為以及其後果。[33] 這個方法便是：請那些年輕人在登入社群媒體之前先問自己三個問題：

- 我為什麼要登入這個社群媒體？
- 我想達成什麼目標？
- 我要如何回應我看到的那些貼文？

受試者對這些問題的答案為他們自己瀏覽該社群媒體的行為定了調，並釐清他們之所以登入這個社群媒體，究竟是為了分散自己對當下的注意力，還是有別的目的。換句話說就是：當事人在當下是以積極主動的態度、還是消極被動的態度來使用該社群媒體？這些問題讓受試者在登入帳戶之前得以思索自己使用該媒體的目標和態度。

接著，研究人員便請他們在登入之後問自己幾個問題，以便讓他們更加注意當下所發生的事：

- 我現在有什麼情緒？
- 這個情緒讓我的身體有何感受？
- 我本能的反應是什麼？

我們可以注意到這些問題帶出了「存在模式」的三個元素：使用者的目標、注意力和態度。這會讓他們在使用該社群媒體時更能自我覺察。

當受試者把注意力轉移到自己當下的感受時，就比較不會對社群媒體上的貼文做出反應，同時也會更能覺察當下的情境。研究人員強調，這大大降低了社群媒體對他們的負面影響。這樣一來，年輕人就可以不需要戒掉這項他們喜愛的活動，只要在使用時更注意自我覺察就可以了。

大腦與「存在模式」

雖然我們在閱讀和尚的故事時無從得知當他轉移自己的注意力時，他的生理現象或大腦構造發生了什麼變化，但由於專家學者曾針對這個問題做過許多研究，因此我們可以根據這些研究來做一些推論。

科學家已經證實：處於「存在模式」時，我們的大腦會發生一些結構性的變化。近年來，研究人員已經發現，大腦會隨著我們用腦的方式而改變，這就是所謂的「神經可塑性」（neuroplasticity）。也就是說，我們的大腦是能夠被改變的。難怪「存在模式」往往被比喻成一種「肌肉」，是可以靠著正確的訓練而強化的。有好幾項研究都證實了這個說法。

在加州大學所進行的一項實驗中，研究人員用的受試者並非人類，而是一群猿猴。他們把這些猿猴分成兩組，讓牠們通通都戴上一副會頻頻發出噪音的耳機，並且在牠們的手指上裝了一台儀器，每天輕輕拍打牠們約一百次。所以，那些猿猴的注意力會同時受到噪音和拍打動作的吸引。

然後，研究人員開始訓練其中一組猿猴，讓它們忽視耳機裡的聲音。他們所用的方法是：只要那些猿猴把注意力放在手指上，就可以得到果汁作為獎賞。同時，他們也訓練另外一組猿猴，讓牠們把注意力放在耳機的聲音上，忽視手指上的拍打，牠們做到後也可以得到獎賞。

過了六個星期之後，研究人員檢查了那些猿猴的大腦，結果發現那些忽視耳機聲音的猿猴，其大腦皮質中負責處理情緒的部位變厚了兩到三倍。那些把注意力放在耳機聲音上的猿猴，其大腦內負責處理聲音的部位也有同樣的變化。

因此研究人員得出一個結論：注意力本身就能夠改變大腦的結構。我們很容易把注意力當成一個變動不居的現象，認為它很難掌握，就像我們坐在防波堤上時拂過我們肌膚的一陣風。但這項研究和其他幾項研究都顯示：注意力其實幾乎等同物質，所以訓練的效果才會這麼好。

大家都知道，今天我們生活在一個「注意力經濟」的體系裡，而注意力就是這個經濟體系當中的貨幣，是市場上大多數商家競相爭取的對象。這些商家往往是透過電子螢幕來吸引我們的注意力，以致我們有時會出現「同時觀看不同的媒體頻道」的行為。學界稱之為「媒體多工行為」（media multitasking），意思就是我們讓自己的注意力不停地轉移到不同的媒體上。

以我為例，當我坐在電腦前處理一份 word 文件時，可能會不時被郵箱傳來的「叮！叮！」聲或手機簡訊的聲音打斷。有些研究顯示，這種工作方式既沒效率也會造成壓力，因為我們的注意力是有限的資源，必須省著用。

既然如此，我們很容易會得出一個結論，認為無論什麼樣的人或什麼樣的大腦、無論當下的情況如何或當事人是否受過訓練，「媒體多工」的行為都會對我們造成負面的影響。但這樣的結論忽視了我們的大腦和注意力的可塑性。

事實上，只要我們能增強自己進入「存在模式」的能力，不僅能讓自己更擅長「媒體多工」，還能減輕這種行為所帶來的負面影響。的確，有些研究已經顯示：那些在參與實驗前已經做過注意力訓練的受試者，在轉移他們的注意力時仍能保有較高的工作效率，並取得更好的成果。除此之外，他們也比較不會因為自身的「媒體多工」行為而感到壓力。[34]

我先前提過，提昇覺察力能夠讓我們在追求人氣或受外在激勵因子驅動時，比較不會受到負面的影響。但事實上，提昇覺察力似乎也能讓那些負面影響不致產生。

究竟提昇覺察力何以會有這樣的保護效果？這是一個有趣的問題，但這個問題顯然沒有簡單、明確的答案，因為大腦的活動非常複雜，到目前為止我們尚未能完全理解，只能確定我們的腦波（神經震盪）在其中扮演了一個重要的角色。一般來說，我們的腦波有三種：阿法（α）波、貝塔（β）波和西塔（θ）波。還有一種比較少人研究也比較神祕的腦波，稱為伽瑪（γ）波。研究人員已經發現伽瑪波似乎是「大腦管絃樂團」的指揮，它會做出一些細微的調整，讓樂團裡的所有成員都能同步運作。

當我們很專注時，大腦就會發出伽瑪波。這顯示大腦此時的運作方式已經更趨於協調一致，而伽瑪波又會讓我們的頭腦變得更清明。於是，原本可能會出現的負面影響就被抵消了。

雖然我們很難確知腦波和各種活動的相互作用，但研究人員如今已經能夠更全面性地測量我們進入「存在模式」的程度。

存在模式的標準值

在日常生活中，我們當然不太可能會遇到一隻老虎並且被迫逃走，但萬一真的碰到了這種事，我建議大家這時應該把注意力放在如何逃生，別去管自己處於什麼意識狀態了。在逃跑的路上，如果看到了草莓或其他誘人的東西，也最好不要理會。

我之所以最喜歡以那個和尚的故事為例，是因為它不僅凸顯了「存在模式」與「行動模式」之間的對比，也讓我們約略體會到處於「存在模式」是什麼樣的感受。對我來說，這可以補相關研究報告之不足。希望我也能讓你體會到那樣的感受。

我曾經說過，我認為那個和尚的舉動透露出一種接納自己、不為難自己的心態。因此，就算他在欣賞那顆成熟的草莓時分心了，我想他也不會認為自己有什麼錯，只會接受事實並且繼續嘗試。這是我們以「存在模式」來平衡追求人氣或進行社會比較的行為時應該銘記於心的。也就是說，**我們要對自己更寬容**。即使沒有達到自己所設定的目標，也不要把它當成一種災難，只要以後再試試看就行了。如果能夠這樣，我們的表現就包含了「目標」（意向）、「注意力」和「態度」這三個元素。

這種把注意力拉回當下的本事，是古往今來許多思想家和哲學家思索的主題。

現代心理學之父威廉・詹姆斯（William James）曾說過一句令人難忘的話。他在一八九〇年寫道：

能夠自發性地把渙散的注意力一再拉回來的本事，是判斷力、性格和意志力的根基。能夠增強這種能力的教育將是第一流的教育。

除此之外，如果我們能把注意力拉回此時此地，對我們的健康也有諸多好處，例如減輕疼痛、增加幸福感、提高學習力，以及增強處理情緒的能力。這些正向的影響乃是源自在注意力回到當下的過程中，那些被活化的神經中樞所出現的物理變化。[35]

專家們在檢查受試者的大腦之後發現，最明顯的物理變化包括：那些與同理心和換位思考有關的區域中的灰質增加了，而在壓力下會被啟動、讓我們只顧眼前的杏仁核則會變得比較不活躍。

數十年來，研究人員一直設法測量我們在日常生活中能停留在「存在模式」的程度。最受歡迎的一種測量法便是所謂的「止觀覺察注意量表」（Mindful Attention Awareness Scale，簡稱 MAAS）。這個表是寇克・華倫・布朗（Kirk Warren Brown）和理查・萊恩（Richard M. Ryan）這兩位研究人員在二〇〇三年開發出來的，其後他們便致力於研究覺察力的提昇為何能使人變得更加獨立，並表現出能帶來長遠正面影響的行為。*近幾十年來，這個「止觀覺察注意量表」已經被研究人員用在許多不同的情境和文化中。儘管這個量表評量的方法是由受試者進行自我評估，但研究人員都一致肯定它的效果。

這個評量法所根據的假設是：我們每一個人都有能力在日常生活中進入「存在模式」，只是在一些特殊的狀況下，個人的表現可能會高於或低於標準值。至於這個標準值則是根據人們在回答十五個問題時所得的平均數值算出來的。數值愈高表示你在日常生活中愈能活在當下，也愈能自我覺察。

測驗內容如下：

請在1到6中選擇一個數字來回答下列問題。每一個數字所代表的意義如下：

1. 幾乎總是
2. 很常
3. 有點常
4. 不太常
5. 很少
6. 幾乎從未

你要回答的十五個問題如下：

＊這個測量工具是相關研究領域裡很重要的一個部分，稱為「自我決定論」（Self Determination Theory）。

1. 我會在過了一段時間之後才意識到自己有某種情緒。
2. 我會因為自己粗心、不注意或分心的緣故而打破東西或把飲料灑出來。
3. 我很難一直專注於眼前發生的事情。
4. 我會快步抵達目的地，對沿途的人、事、物視若無睹。
5. 我會忽略身體緊繃或不適的感覺，直到它們讓我不得不注意為止。
6. 別人的名字我幾乎一聽過就忘記。
7. 我做事情似乎都不假思索，不太會意識到自己在做什麼。
8. 我會急著把事情做完，不太在意細節。
9. 我會一直想著將來的目標，以致忽略自己目前正在做的事。
10. 我會依照自己的慣性做事，沒有意識到自己的行為。
11. 我會一邊聽別人說話，一邊做別的事。
12. 我會無意識地開著車到一些地方，然後納悶自己怎麼會到了那兒。
13. 我會一直想著未來或過去的事。

14. 我做事情的時候會心不在焉。

15. 我會不自覺地吃吃喝喝。

有趣的是：這項測驗也顯示，我們所得到的數值和我之前所提過的腦部變化也有關連。比方說，測驗分數愈高的人，他的大腦所發出的伽瑪波便愈活躍。[36] 有好幾項研究顯示，一般學生的標準值大約是三・八五。但有一次，研究人員讓幾位禪宗的僧侶做這項測驗時，發現他們的標準值也只有四・三八，和學生們並沒有很大的差異。這顯示我們並不需要以什麼全新的思維來面對日常的生活情境，只要能夠稍微提昇覺察力，效果就會很顯著。

在接下來的幾章中，我將談到應該如何提昇自我覺察能力。

現在你已經覺察到：

✧每一個人都有「行動模式」與「存在模式」。那是我們的大腦運作的兩種方式。

✧兩種模式都有必要，但「行動模式」很容易會成為我們的標準模式。在某些情況下，這會對我們造成不良的影響。

✧其中一個影響就是讓我們與他人做比較。這也是我們之所以會追求人氣的原因。

✧進入「存在模式」的能力就像肌肉一樣。我們可以測量它的力量，也可以透過訓練來增強它。只要這個部位的「肌肉」更有力氣，我們就能夠做出更好的決定，並且表現出更有建設性的行為。

✧雖然我們難免會做出不太理想的行為（例如追求人氣），但只要多增強自己進入「存在模式」的能力，就能夠降低這種行為的負面影響。

第三部

提升你的意識層級

在開始之前……

現在我們已經知道，當我們的覺察力提昇後，理解力也會增強，同時也更能進入「存在模式」、活在當下。此外，我們也知道，覺察力的提昇不僅有助於在追求人氣和建立好感度兩者之間取得平衡，也能夠讓我們在追求人氣時不致受到負面的影響。當然，覺察力提昇後，我們的行為可能也會改變，不再如此追求人氣和地位。

我們也了解到：人之所以會做出無意識的行為，往往是因為「自動駕駛模式」被啟動了，以致在行動時並沒有想到自己究竟想達成什麼目標，也沒有考慮到當下的情境，尤其是在從事社會比較——這是我們之所以尋求人氣的最主要原因——時更是如此。

我們已經知道：當我們的自我覺察能力提昇時，就更能與自我連結、更加安穩，從而讓別人對我們更有好感。當好感度提昇，我們也會變得更真實、更正向，並且得以對周遭的人做出更大貢獻，而且這樣的好感度其實無關乎他人對我們的看法。

那麼，我們該如何提昇自己的覺察能力呢？現在我就要提供一些實用可行的點子。首先要從一個我思考了許久、但一直沒有得到答案的問題開始說起。

關於自我

這個問題就是：我到底是誰？請容我說明這個問題和覺察力的提昇究竟有何關係。我有兩個兄弟，是家中的老二，還有一對年事已高的父母和一位女友。此外，我還是一所大學的研究員，也是一個作家。只可惜這些資料並無法幫助我回答「我是誰？」這個問題。

正如我在上一章中所說，「行動模式」是我們的標準模式，而這個模式所使用的「貨幣」便是各式各樣的想法，尤其是我們深信不疑的想法，其中包括我們為自己和別人所貼的各種標籤。當我們處於「行動模式」時，會覺得這種貼標籤的行為是一種很好的做法，因為人們在這個模式之下最喜歡做的事，就是把生命簡化為一個只有單一維度的現象，就像我們在進行社會比較時所做的那樣。問題是我們用來為別人貼標籤的詞語，很少能夠反映他們真實的狀況。同樣的，我們給自己貼的標籤也是如此。

我曾經問自己：如果把我身上所有的標籤都拿走了，那還剩下什麼呢？答案當然不可能是「一無所有」，因為如果是這樣，我就要問：我把哪一個標籤拿走時，真正的我就不見了？哪一個標籤才代表真正的我？是「大學研究員」還是「老二」？答案當然是「兩者皆非」。

事實上，我的結論是：當我把所有的標籤都拿掉後，剩下的才是真正的我，而這個「我」，顯然是在「行動模式」下很難以語言形容的。

我希望你做完上一章那個有關「覺知程度」的測驗後，會認為自己並沒有浪費時間（我自己也做了那個測驗，而且我可以告訴你：我得到的分數比較接近那些學生，而非那幾位禪宗僧侶）。這個測驗的價值並不僅僅在於得到了多少分數，也在於它讓我們明白並感受到所謂的「高度的自我覺察」是什麼意思。這是我們迫切需要的，因為「高度的自我覺察」的概念很難以言語來描述。關於這一點，相關的研究人員都已經有所體認，所以他們才會在這個測驗當中間接地用幾個問題來描繪「自我覺察」的境界，其中一個例子便是問我們多常「把飲料灑出來或打破東西」，因為這樣的行為顯然是人們沒有自我覺察的跡象。

那麼，這項測驗和「我是誰？」這個問題有什麼關連呢？答案是：我們的「真我」和「自我覺察」的境界非常相像，都是超越思想概念，無法以言語描述的。

那麼，我們要進一步追問：有沒有可能我們的「真我」和「高度的自我覺察」其實是一體的兩面？沒錯，這確實是許多研究人員的想法。因此，在本章中，當我談到該如何提昇自我覺察能力時，我指的其實就是應該**如何和自己建立更深刻的連結**。

每一個人都有能力和自己建立深刻的連結，我也相信這是每一個人內心都有的渴望。它提醒我們：所謂「成長」，指的不僅是從青少年變成大人，也是隨著年歲的增長變得愈來愈有智慧。而智慧的增長指的就是一個人愈來愈能自我覺察，也愈來愈能從更宏觀的角度看待自己，不認為自己的想法永遠是對的，即便在自以為有道理的時候也不輕率地做出判斷；同時還要能夠從不同的角度來看待事情。

我之前曾經提過許多次，要提昇自我覺察能力，必須先具備相關的知識。事實上，有些研究已經顯示：我們一旦認識了「存在模式」，就會更容易進入這種模式。[37]在這一章中我想做的，就是幫助各位更能進入「存在模式」。

這絕非一件容易的事。請容我先說明一下我採用的方法。

體驗覺察力的四種經驗

在這一部中，我要從大家在日常生活中都有過的四種經驗說起，然後再舉出一些例子，說明有哪些活動確實可以提昇自我覺察能力。

你讀了之後，可能會發現其中有些你原本就已經在做了，有些可能是你從未做過的。你可以自己決定是否要加強前者，或者嘗試後者。當然，你也可能會發現，光是閱讀這些文字就足以使你注意到自己有這方面的能力，並因而更能自我覺察。因此，我希望這一部的內容能激發你的好奇心，至於你是否想要提昇覺察能力或如何提昇，就由你自己來決定了。

我所謂的四種經驗包括：

1. **專注當下**
2. **接觸大自然**
3. **身心放鬆**
4. **以文字表達自己的想法**。

第一種經驗與「存在模式」直接相關，其他三種經驗則能夠消除那些讓我們無法順利進入「存在模式」的障礙。

第一種經驗大多數人應該都有過，甚至你在讀這個句子的時候可能就已經體驗到了。

6 專注當下

生而為人，我們必定都有過專注當下的經驗。所以，這是我們可以即刻增強的一種能力。我們愈常這麼做，就會變得愈靈活，也就愈容易活在當下。

「專注當下」究竟是一種什麼樣的體驗？與其聽我描述，不如讓你自己的身體告訴你。畢竟它和你的關係最為密切，而且在你看完這本書之後，它仍然會與你長相左右。

如果我們想了解自己和他人真實的模樣，不被幻覺所蒙蔽，最快的方式便是透過自己的身體。我們之以要提昇自我覺察能力，最主要的目的便是了解真實的自我，如此我們才能根據自己真正的意向與目標採取行動，也才有可能解決我們因為追求人氣而造成的問題。

問題在於，「什麼才是真實的？」並不是一個容易回答的問題，尤其對我而言。

身體會說實話

身為一個擅長建構模型的研究人員，我經常要指導那些有同樣抱負的博士班學生。其中有一位名叫班尼，他的論文題目是要建構出一個「公司經理人如何確保員工在對待顧客時不致違反職業道德」的模型。幾天前，班尼來敲我的門，並遞給我幾頁論文，想聽聽我的意見。當我看到第二頁最底下的一句話時，整個人險些往後翻（這可不容易，因為我當時正坐在椅子上）。那句話是這麼寫的：

「因此，我的模型是真確的，符合事實……」

在科學界，「真確」和「事實」是兩個最具爭議性的字眼，大多數科學家都極力避談。我自己就曾經親眼目睹這兩個字所引發的爭議與衝突，甚至看過博士班的學生因為無法得出一個令人滿意的答案而放棄他們的研究計畫。

為什麼在許多大學研究人員的心目中，這兩個字會如此敏感呢？難道這不是在進行科學研究時應該奉為圭臬的字眼嗎？大學院校向來是理論、概念與文字的大本營。如果「想法」是「行動模式」的「貨幣」，那麼世上應該很難找到比大學院校更重視這種「貨幣」的地方了。

問題在於，許多人幾乎已經忘記：除了想法之外，還有一個同樣重要的東西。它能讓我們更趨近事實，那便是：我們「當下」的體驗。當有人提醒我們這個東西的存在時，我們直覺的反應很可能會像我看到班尼寫的那些文字時一樣。它提醒我們一個事實，那便是：無論文字、思想或智力（以及知識分子），都有其局限。

要解決這個問題，就要從「存在模式」下手。這是一個比較安靜、低調的模式，著重的不是語言、文字、思想，也不是意見，所以在大學院校裡不太受到重視。但它有一個很大的優點：當我們處於這個模式時，不僅不會害怕探討事實與真相，反而會自然而然地想去探究問題，並尋求答案。

之所以會如此，是因為當我們處於這個模式時，和身體的關係非常親密，而**身**

體是我們最好的老師，也是我們通往當下的路徑。我們可以透過身體來覺察自己的念頭和感受。它們之間的關係如下圖，此處的關鍵在於當下的體驗，而這就是身體所給我們的東西。

如果說身體是通往當下的入口，那麼呼吸就是通往身體的大門。它是我們隨時隨地都在做的事情，也是我們存在的核心。在本章中你將發現：如果我們希望自己更能活在當下，就要從呼吸入手，因為它將身體與想法和感受連結在一起。因此，要進入當下，最簡單快速的方法便是透過呼吸。無論我們要主動採取行動或對別人的行為做出回應時，都可以使用這種方法。

在此，我要提供三個簡單的技巧。它們都是我

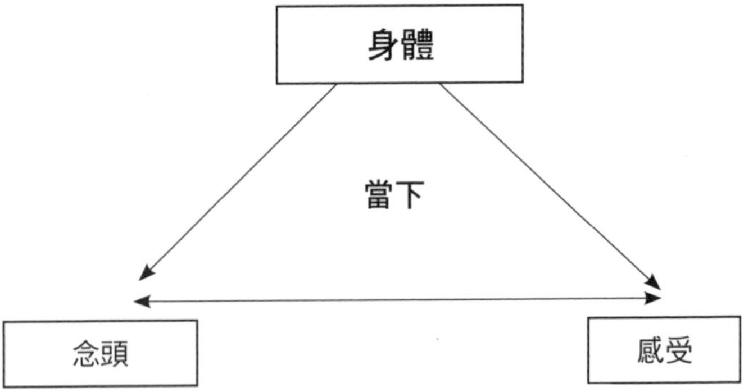

自己已經用了許久且感覺頗為有效的方法，都是透過身體讓自己回到當下，體驗自己真實的感受。

採取行動之前的呼吸練習

我們每天都面臨各種情境，有各式各樣的工作要做。在每個情境中，我們都可以決定自己要以一種無意識的、機械化的方式去做事，還是帶著高度的覺知去做。

下面有一個我自己經常做的練習。方法雖然簡單，但卻包含了我們要進入當下所必須具備的三個要素，包括意願、注意力以及接納、不批判的態度。當你要開始做一件事情（甚至包括打開你的電腦或打電話）時，可以先做做這個練習：

─先靜下心來，做幾次深呼吸，體會空氣從身體裡進出的感覺。

─繼續做深呼吸，同時把注意力從呼吸轉移到你身上的某種感受（例如雙腳碰到地板的感覺或身體內部的某種感受）之上。

——繼續呼吸的同時，把你的注意力轉移到你即將要做的事情上。

這個練習雖然簡單，卻能夠幫助你在做事時更容易進入「存在模式」。如此一來，你就比較不會進入「自動駕駛模式」，即使進入了，也會比較能夠察覺。萬一你發現自己已經進入了「自動駕駛模式」，只要再度把注意力放在呼吸上，讓自己回到當下就可以了。請記住，在這整個過程中，你要帶著一些好奇心，並且接納自己。即使你偶爾進入了「自動駕駛模式」，那也是變得更有覺察力的一個階段，不是一種失敗。

這個練習和接下來的兩項練習看似簡單，其中所需要的技巧卻並不容易，而且每種技巧的難度不同。美國的研究員露絲・貝爾（Ruth Baer）在做了相關的實驗後發現：一個人在反覆練習後，最先進步的是觀察力，然後是脫離「自動駕駛模式」的能力，最難做到的則是對自己或他人不做任何批判。同時，她也發現：教育程度愈高的人愈難保持不批判的態度，但我想這點並不很令人意外。總而言之，希望這個簡單的練習對你有所幫助。

其次，世上總有些事情是我們無法決定的。在人生當中，我們經常需要對別人所採取的行動做出回應。如果我們希望自己做出的回應具有建設性，就必須讓自己處於「存在模式」。

做出回應之前的呼吸練習

「反應」和「回應」不同。兩者間的差異在於當事人有沒有自覺。前者比較接近無意識的反射動作，後者則是有意識的行為。但除了這兩者之外，我們在處於高度自我覺察的狀態時，也可以選擇什麼都不做，對事件不起反應。因此，一旦進入了「存在狀態」，我們**面對事情可以有兩種選擇：一個是「做出有意識的回應」**，**另一個則是「不予理會」**，而非在「自動駕駛」的狀態下做出反射性的反應。

探討追求人氣的行為所造成的問題時，這是很值得關注的一點，因為我們經常會在社群媒體上對別人所發布的訊息做出無意識的反應。這時，如果能夠多兩個選擇：「做出有意識的回應」或「不予理會」，情況可能會大不相同。

下回你在社群媒體上看到或聽到什麼時（例如你在和某人討論一個問題時聽到對方說了一些很刺耳的話），不妨試著這樣做：

—靜下心來，做兩、三次深呼吸並注意空氣進出身體內的感覺。

—繼續做深呼吸，同時把注意力轉移到你身上的某種感受（例如雙腳碰到地板的感覺或身體內的某種感受）之上。

—繼續做深呼吸，並決定你要對那個訊息做出有意識的回應還是不予理會。

這個練習的意義在於讓我們的心靜下來，做出有意識的選擇，看自己是要對眼前的情況做出回應，還是不予理會，任由它去，而且我們在做選擇時，考量的是自己和相關人士的最大利益，不是在「自動駕駛」狀態下的無意識行為。

給想要經常做呼吸練習的人

如果你想多花一點時間提昇自己的覺察能力，或有興趣嘗試某種形式的冥想，可以做下面這個簡單的冥想練習。這個練習需要花的時間會稍微多一些。我建議你每天不妨花十到十五分鐘的時間做做看。方法如下：

— 專心注意你的呼吸，體會你呼吸時腹部和胸部的感覺。眼睛要閉上。

— 一旦你感覺注意力已經跑到別的地方，開始想著過去或未來的事，只要慢慢地讓注意力回到呼吸上就好，不要批判自己，也不要認為自己做得不好。

— 所以，不要對自己的想法做出反應。一旦你意識到自己有一些想法時，只要平靜地讓注意力回到呼吸上就可以了。

除了想著過去或未來的事之外，有時候我們的注意力可能也會跑到身體某處的感覺（例如手或腳上的搔癢）之上。如果你的手或腳很癢，你當然可以抓一抓，然後就只要把這種感覺當成一種念頭，任由它消逝，並且讓你的注意力回到呼吸上面就可以了。

英國的利物浦約翰摩爾斯大學（Liverpool John Moores University）的研究人員曾經做過一項很有趣的實驗。他們想了解這個簡單的練習是否會對我們的「選擇性注意力」造成任何影響。[38]換句話說，他們想知道這樣的練習是否可以讓我們在受到刺激時能做出有意識的、明智的回應，而非無意識的本能反應。他們所採用的是那個很經典的「史楚普測驗」（The Stroop Color and Word Test）：讓受試者觀看以別的顏色寫成的各種色彩名稱（例如以藍色寫成的「綠」字），然後請他們說出每個字的顏色，而非它所代表的意思。

結果顯示，那些受試者每天只花十分鐘的時間做冥想練習，但過了十六個星期之後，他們的選擇性注意力就有了改善。除此之外，他們的大腦內與「存在模式」

相關的區域也變得更加活躍了。

總而言之，以上這三個練習都可以讓我們更容易進入「存在模式」，因為在練習的過程中，我們會愈來愈清楚該如何把注意力持續放在自己想要的事物上，並且愈來愈能夠在注意力渙散時接納自己、善待自己並且再次嘗試。

當然，在某些情況下，我們不一定能夠做到這些。但在不斷練習的過程中，我們就會愈來愈容易進入「存在模式」。由此，我將談到另外一種大家應該都有過的經驗。

7 接觸大自然

過去這二十年來，我一直都會定期去戶外走走。我每天早上走路去我任教的大學上班時都會經過市立公園。在午休時間，我也常去那裡散步。除此之外，我每個星期還會去一處林區運動，那裡的環境比較沒有經過人為的開發，而且有好幾條跑道可以跑步。事實上，早在我開始對這方面的研究感興趣之前，我就已經很喜愛親近大自然了。

我之所以會養成親近大自然的習慣，原因之一是我的父母親都很喜愛大自然。當我開始從科學的角度研究接觸大自然所代表的意義後，有時會想起小時候母親對我說過的一句話。有一次，我的父母親想花一整天的時間待在樹林裡採摘莓果，但我對這項活動並不是很熱衷，我的母親就告訴我：「不喜歡親近大自然的人身心一定不太和諧。」

在研究了大自然對人類的影響後，我發現我母親說得很有道理。不過根據近年來科學家在這方面所做的許多研究，這句話需要稍微調整一下。

如果是我，我會這麼說：

「不喜歡接觸大自然的人，他們的『行動模式』一定都過度活躍。」

我之前提過的那項哈佛大學的研究顯示，人們在日常生活中往往有心不在焉的現象。這種**心智（行動模式）過度活躍的現象往往會使人比較沒有幸福感，也比較容易操心和憂慮**。這時，如果能在適當的情況下花一點時間親近大自然，就會像是在過度活躍的心智肌肉中打一針肌肉鬆弛劑一般，可以幫助人們放鬆。如果一個「行動模式」過度活躍的人「不喜歡」接觸大自然，很可能是因為他覺得接觸前後的反差太大，改變太過劇烈，以致使他「不喜歡」這種經驗。但一個心智「肌肉」太過發達的人，他的「行動模式」和「存在模式」必然會嚴重失衡。

至於這種說法有何依據，我將會在本章中加以說明。但為了避免讓這些說明模糊了我想表達的最重要的一個訊息，在此我要先把重點說出來：

如果我們想讓自己更容易進入「存在模式」，那麼接觸大自然將會是一個很有效的方法。

原因是：接觸大自然能夠去除那些使我們不容易進入「存在模式」的障礙，但必須在特定的情況下進行才能達到這樣的效果。關於這點，我稍後將會加以說明。在此，我要先談談接觸大自然對人類會有什麼樣的影響。

大自然和我們的「存在模式」

我之所以會刻意花時間接觸大自然，當然是因為我親身體驗過它所帶來的好處。身為一個從事科學研究的人，我自然希望這些好處能經過科學的驗證，然而我也明白：科學研究只能掌握並測量其中一些重要的面向，但有些較難測量的面向也同樣重要。

讓我們先看看已經被科學研究證實的一些好處，其中包括：

減輕壓力：研究人員在測量傳統的壓力指數（如血壓、脈搏和壓力荷爾蒙的多寡）後，發現人們在接觸大自然之後，他們身上的這些壓力指數確實有降低的現象。

提高專注力：接觸大自然也能增強我們的思考能力和認知精確度。瑞典的研究已經發現：可以在校園裡接觸到自然生態的小孩，他們的運動技能和專注力都優於那些置身於人工校園環境裡的學童。[39]

增強創造力：之前曾經提過我喜歡利用午休的時間去公園裡走一走，接觸一下大自然，因為這樣做有助提昇我的創造力和寫作能力。有些研究報告也證實了這種說法。舉例來說，根據一群美國科學家所做的一項有趣的研究，受試者在出去划了四天的獨木舟之後，解決問題的能力就提昇了百分之五十。

改善心情：根據全球各地科學家所做的好幾百項研究，人們接觸大自然後心情會變好。美國學者所做的一項研究也顯示：受試者到大自然裡走一走之後，心情會比較愉悅，也比較不會操心或胡思亂想，其效果比在城市裡散步更好。

改善健康：一般來說，只要我們經常接觸大自然，身體都會比較健康，對許多疾病也會更有抵抗力。舉例來說，日本的一些研究就顯示：日本針葉樹的香氣能強化人體的免疫系統。一般相信，這是因為這類香氣可以增加人體內自然殺手細胞的數目，而這些細胞可以有效對抗人體內的腫瘤和病毒感染。此外，臨床試驗的結果也發現，那些增強注意力的訓練也有同樣的效果。這顯示兩者的機制密切相關。

不過，對研究人員來說，要測量大自然對人的情緒所造成的一些比較微妙的影響，就不是那麼容易了，但這並不代表這些效果比較不重要。且讓我舉一個例子。

就我自己而言，當我置身於大自然的懷抱中，往往感到恣意而暢快。這是我在其他時候不會有的感受。當我利用午休時間漫步於公園裡的松樹和杉林間時，感覺世俗的事物與成就在這裡都變得一點也不重要了。樹上的那群大山雀和地上那些滿布苔蘚的樹樁不會關心我的稿子寫得怎麼樣了，也不會在意我剛才的那場演講是否達到了我期望的水平。在這裡，我覺得我只要做自己就好。這種感覺和我在開會或打電腦時截然不同。

這時，我的「行動模式」便立刻退到了一旁，讓我的「存在模式」得以有運作的空間。通常，在這樣的時候，我們會感覺自己的大腦得到了休息。

也正因此，接觸大自然能夠為追求人氣所造成的問題提供一個解方。當你漫步於那些松樹和杉林之間，沒有人會問你是不是胖了幾公斤，而且你也看不到任何一面鏡子。在那裡，你沒有必要和誰做比較。換句話說，當你置身於大自然的懷抱中，你根本無從做任何形式的社會比較。在現今這個時代，尤其是在一個崇尚「自我」的文化或社會裡，讓自己能享有這樣一個和花草樹木、鳥獸蟲魚互動、無需和任何人比較的環境，是一件很重要的事，

這種感覺是否能以科學的方式明確測量出來呢？不能，但研究人員往往可以測量人們在接觸大自然之後是否變得更幸福、更健康。這當中的機制雖然很難理解，但親近大自然確實可以讓我們更能活在當下，也更能自我覺察。當然，這種效果並非一蹴可及。我們不可能一踏進森林就得到大自然所帶來的所有好處。如果像我小

時候那樣，勉強跟著爸媽進入樹林後就一直坐在樹樁上生悶氣，這種接觸大自然的方式是不可能對我們的身體有任何益處的。

因此，就像我們置身於高度覺察的狀態時一般，在接觸大自然時也必須具備「意向」、「注意力」和「態度」這三個元素。其中又以注意力的品質最為重要。

「柔性吸引」與「剛性吸引」

大自然為何有助提昇自我覺察能力、讓我們更能活在當下呢？要了解這一點，我想先說明學界所謂的「剛性吸引」（hard fascination）和「軟性吸引」（soft fascination）這兩種現象。所謂的「剛性吸引」指的是，我們的注意力受到某個事物的吸引並且不得不持續關注它的現象。

當前述故事裡的那個和尚行走在森林中，他的注意力被樹叢裡的老虎吸引住了。為了要逃生，他的注意力必須一直放在老虎身上。這便是一種「剛性吸引」。當然，構成「剛性吸引」的不一定是像老虎這樣會致人於死的事物。當我們觀看最新的 Netflix 影集看得欲罷不能，或者原本只想瀏覽一下臉書，結果卻看了好幾個鐘頭時，我們的注意力同樣也被牢牢地吸引住，無法轉移。這也是一種「剛性吸引」。

另外一種則是所謂的「柔性吸引」。它指的是那種不致使我們過度被吸引、且能帶給我們正向感受的事物。當故事裡的和尚攀附在崖壁上，吸引他注意力的那些成熟的草莓顯然就是其中一個例子。當我們受到「柔性吸引」時，我們的情緒會比較正向，而且帶著一種輕鬆、好奇的感受。

那麼，這兩種吸引形式和大自然帶給我們的感受有什麼關連呢？早在一九二七年科學家就已經發現：如果有一些未經處理的念頭和想法一直存在於我們的心中、耗損我們的能量（和注意力），我們就比較無法讓心思專注於當下。[40] 這時，我們可能會感覺心靈疲憊、思緒不清，並因此讓我們的「存在模式」無法有效運作。類似這樣的「心智淤泥」會使我們難以活在當下，也會使我們在面對一個情境時無法做出有意識的行為。

要去除這些「心智淤泥」，唯一的辦法就是開始心理大掃除。

心理大掃除

二十世紀期間，心理學家一直在努力探索應該如何解決這個問題，同時也提出了一些解決方案。其中最廣受討論的就是一九八〇年代卡普蘭夫婦（Rachel and Stephen Kaplan）所提出的「注意力恢復理論」（Attention Restoration Theory，簡稱ART）。他們在自己撰寫的《從心理學觀點談大自然的體驗》（*The Experience of Nature: A Psychological Perspective*）一書中說明了這個理論的內容。

卡普蘭夫婦告訴我們，當我們的注意力已經過度耗損、心靈疲憊不堪時，要如何才能恢復過來。他們發現，雖然睡眠具有恢復注意力的效果，但對大多數人而言，光靠睡眠是不夠的。不過，如果要做心理大掃除，必須在一定的條件下進行才行。這些條件包括：

1. **脫離日常的生活環境：**讓自己置身於一個不一樣的環境（包括實體環境與心理環境，但後者更加重要），使我們暫時無需關注平日所掛心的那些問題。

2. **擁有一個空間：**擁有一個屬於自己的小世界，一個我們可以進入的、機能完整的空間，其面積不能太過狹小或受到太多限制，而且必須能給予我們足夠的刺激。

3. **感覺這個環境適合我們的需求：**這個環境應該符合我們待在那兒的目的，並且讓我們能進行自己想要的活動。同時，我們在那裡做的事情也必須符合那個環境的設備與條件。

以上三個條件可以使我們：

4. **感受到一種「柔性吸引」**，也就是說：能夠吸引我們的注意力，但不致讓我們過度沉迷，而且還能讓我們產生興趣、好奇心與其他的正向感受。

一個適當的自然環境可以輕易滿足以上四個條件。我的林中漫步無疑也符合了這四項標準，但我們不一定要走進森林才能體驗到這樣的感受。

舉例來說，在海灘散步也能讓我們擁有一個心靈空間，遠離我們每天所面臨的問題。當我們走在海邊，望向天際時，或許可以感受到一種空間感。當我們腳踩著沙子，眼睛看著大海時，會感覺自己是屬於這裡的，而且這個環境也很適合我們。總之，這裡的一切以及置身其中的感覺，會讓我們感受到一種「柔性吸引」。既然大自然對我們有如此大的影響，其背後的機制又是如此有趣，也難怪有許多科學家都對這個題目很感興趣，而且研究的學者愈來愈多。尤其在現今這個時代，人們往往會藉著使用科技產品或觀看媒體頻道，來讓自己得到休息並放鬆身心，但這種方式會過度吸引我們的注意力，使我們無法自拔。這時，大自然就可以發揮平衡的作用。

值得一提的是，我之前所提到的「活在當下」的訓練和「柔性吸引」是可以彼此增強的。事實上，它們是「高度覺察狀態」的兩個面向，而且都是從我們進入「存在模式」後開始。舉例來說，如果你置身山間，坐在一根樹樁上啜飲著一杯咖啡，並細細品嚐那咖啡的滋味（「我的舌頭側面感受到的味道特別明顯。」），然後把注意力轉移到樹上那隻正在看著你的鳥兒身上（「柔性吸引」），那麼你就同時體驗到了「存在模式」的兩個面向。你愈容易進入「存在模式」，就愈能同時體驗到這兩個面向。你愈容易體驗到其中一個，也會愈容易體驗到另外一個。

幾年前，我在日本參加了一場國際學術研討會。一到那兒，我就發現自己置身在一個完全處於「行動模式」的國度裡。無論在哪一個層級、哪一個方面或那一門學科，大家重視的都是結果，追求的都是完美。

但有趣的是，日本在「大自然與健康的關係」這方面的研究卻領先全球。他們有許多學術機構專門在研究這個問題，社會大眾也很重視相關的研究結果。日本國內甚至有一百多個專供民眾做「森林浴」的場所。在森林裡面散步的過程中，人們將有機會受到大自然的「柔性吸引」，並且為自己進行心理大掃除。

看來，日本的政府機構和他們的政治人物已經了解讓該國國民在「行動模式」和「存在模式」之間取得平衡的重要性。

實際做法

現在，我們已經更加了解接觸大自然何以能夠提昇覺察能力，並且讓我們更能活在當下。但問題是：要接觸大自然，最簡單的方法是什麼？我們只需要做到以下兩點就可以了：

- 走進大自然（一個能讓你能脫離日常生活並且擁有屬於自己的空間的地方）。
- 以一種輕鬆自在的態度專心體驗周遭的事物。

請記住，你要任由自己腦海中的念頭來來去去，不要一不小心就把「柔性吸引」變成了「剛性吸引」。要記住一個原則：活在當下時，你會感覺輕鬆自在、毫不費力。只要你有一絲在用力的感覺，那就表示你的「行動模式」已經開啟了。

因此，當你發現自己的心思已經渙散，開始想到今天做過的事、明天要做的事，或者自己忘記提交的計畫方案時，只要像你之前在做那個「活在當下」的練習時一樣，溫柔地接納自己就可以了。你之所以會想東想西，其實是因為你的心智正忙著進行一場大掃除，以便讓你能重新恢復進入「存在模式」的能力。

接下來，我將會談到讓自己能夠活在當下的第三種方法。它的原理就像親近大自然一樣，唯一的不同在於我們不需要離開家門。

8 身心放鬆

一九六〇年代末期，哈佛大學一位名叫賀伯特・班森（Herbert Benson）的心臟科醫師展開了一項研究計畫，目的是要了解人們的血壓為什麼會升高。他特別感興趣的是當時大家都已經知道的一個現象：有些病患只要看到穿著白袍的醫生就會產生壓力反應，使他們的心跳和血壓瞬間上升。

班森曾經在哈佛心理學家華特・康農（Walter B. Cannon）的手下做過研究。康農是一位傳奇性的人物，早在一九一五年時，他就發現了有名的「戰或逃」反應（Fight or Flight Pesponse）。

班森的第一個實驗是訓練猴子控制自己的血壓。他的做法是在猴子血壓飆高時讓白燈閃爍，血壓降低時讓藍燈閃爍，並且在猴子成功控制自己的血壓時給牠們獎賞。

有一天，一些學生來拜訪他。他們之前已經學會了冥想，而且用的是當時在「披頭四」樂團的推廣下已經頗為流行的「超覺靜坐」（Transcendental Meditation）技巧。他們向班森描述自己的靜坐經驗，並問他是否有興趣在他們身上做同樣的血壓控制實驗。

班森意識到這個點子值得一試，但也知道如果他和這些學生合作，他的同事們可能會開始懷疑他做的所有實驗，因為在那個年代，靜坐尚未被大眾所廣泛接受，而且由於它和嬉皮運動頗有淵源，很容易會使人聯想到吸毒和放浪形骸的生活。

但在好奇心的驅使下，他最後還是同意了。其後，他便開始以電極、靜脈內導管、呼吸面罩和核磁共振儀等設備來測量那些自願受試者的血壓。他很清楚這個實驗會有什麼風險，於是剛開始的幾次實驗，他都是利用晚上的時間，在一個距校內的主要建築有一段距離的實驗室內進行。

班森的這項實驗達成了現代有關壓力的研究中最重大的一個突破，因為他發現了現今所謂的「放鬆反應」（Relaxation Response）.

透過實驗，他發現：當那些受試者開始靜坐後，他們的新陳代謝率、心跳、呼吸和腦波都變慢了。這項發現引起了班森濃厚的興趣，於是他便試著找出導致這些變化的機制。

在做了更深入的研究之後，他斷定那些受試者之所以能夠讓自己放鬆，是因為：

1. 他們不斷重複一個行為。
2. 他們能夠忽視在靜坐過程中腦海裡浮現的那些念頭。

同時，班森也斷定：人們可以透過這樣的方式訓練自己，讓自己得以放鬆，而且時間愈久，效果愈好。這也是進入「存在模式」的能力會隨著訓練次數的增加而愈來愈強的一個例子。

這個研究結果讓班森很振奮。於是他便計劃展開一項很重要的研究，以便了解：如果讓一個從未受過冥想訓練的人照著上述的兩個原則來做，他是否也能像那些學生一樣感受到相同的放鬆效果？

班森亟於找出答案，於是便根據那兩個原則設計了一項實驗。他請受試者先從一數到十，然後再往回數到一，並要他們一旦發現自己的腦海裡出現雜念、干擾他們數數時，便重新數過。這完全符合他之前發現的那兩個原則。

但實驗的結果讓班森非常失望。被他挑選來參加實驗的那些醫學系學生事後絲毫沒有出現放鬆反應，原因是這些天資聰穎的學生一旦發現自己「迷路」了，就開始驚慌。於是，那項實驗就這樣結束了。

然而班森並沒有就此放棄，他仍舊繼續進行相關的實驗。後來，他得出了一個結論：那個數數的練習太複雜了，很可能會使受試者進入「行動模式」。於是他便設計出一個簡單很多的實驗：受試者只要在心中一直默念「一」這個字就好。很快的，實驗結果就出來了。班森很驚訝地發現，那些受試者身上出現了和那些受過冥想訓練的學生相同的正向改變。

班森現年已經八十幾歲了。在許多人眼中，他是從事壓力研究的先驅。直到現在，他仍然致力於研究「放鬆反應」對人類的影響。

「放鬆反應」的神奇功效

我在二十三歲那年，一度感覺壓力很大。當時，我的母親便勸我去上一個有關放鬆反應的課程。她在幾年前曾經上過，感覺頗有幫助。於是，幾個星期後，我便參加了一個為期三天的課程。在課堂上，我從一個經驗豐富的老師那兒學到了上述這種技巧。從此，我幾乎每天都做，所以對於它的效果已經有了親身的體會。

不過，當我開始從事研究工作，並且很有系統地閱讀了六百份關於這種「放鬆反應」的研究報告後，我對那些研究結果還是感到頗為驚訝。舉例來說，有一項研究顯示，這種放鬆反應能夠「關掉」那些會導致人體發炎和生病的基因。[41] 而且一個人只要體會過一次這種放鬆反應，他身上的基因就會出現變化。

那麼，這和提昇自我覺察能力有何關連呢？事實上，這種放鬆反應就像接觸大自然一樣，也是一種心理大掃除的方式，可以清除神經系統中的各種壓力。而且，它同樣也是運用一種不費力的「柔性吸引」的形式來達到放鬆的效果，只不過這時我們的注意力不是放在周遭的自然環境上，而是放在我們心裡反覆念誦的字句上。

你的身體會利用這個「讓大腦放鬆」的機會，清除那些未經處理的念頭與想法。這會讓你更能活在當下，更容易進入「存在模式」。

如何獲致放鬆反應

班森的研究中心（他至今仍是該中心的負責人）公布了他們所使用的方法，以下是我做的摘要：

第一步：選擇一個你喜歡的字眼（例如「一」或「和平」）。最好是一個聽起來很柔和、讓人覺得舒服的字眼。

第二步：態度要輕鬆，不要擔心自己做得對不對。只要採取一種舒服的坐姿，閉上眼睛，深呼吸，並且在每次呼氣時默念你選擇的那個字眼。

第三步：當你發現自己開始想到別的事情時，就讓注意力回到那個字上面，並繼續在每次呼氣時默念。

第四步：繼續這個步驟。每次你注意到自己的思緒飄到別的地方去時，就讓注意力回到你的呼吸和那個字上面。

第五步：你可以看手錶或手機，以計算時間（建議最好不要用鬧鐘，因為當你處於深沉的放鬆狀態時，可能會突然被鬧鐘的聲音所驚擾）。做完練習後，繼續閉著眼睛坐個兩、三分鐘，然後就可以去做別的事情了。

班森建議我們試著每天找出十或二十分鐘的時間來做這個練習，最好一天能做兩次，例如早餐和晚餐之前。但如果做不到，就從一天一次，每次十分鐘開始。

在做這個練習時應該像我之前所描述的「柔性吸引」一樣，感覺很輕鬆，不費力氣，並且願意接納當下所發生的任何事情。

這個方法看起來很簡單，而且很自然（就某方面來看也確實如此）。如果我們沒有另外一種心智模式，做起來應該就毫不困難。但問題是大多數人在練習的過程中都會受到「行動模式」的干擾，並因此開始分析事情、擔心自己做得不對，或者無法放下那些讓我們分心的念頭。這是因為我們在處於「行動模式」時，會很在意自己的念頭。然而，做這個練習時，應該把所有的念頭都當成必須清除掉的「心理垃圾」，因為你如果開始分析並且被念頭卡住，就無法出現徹底的放鬆反應了。

如果你曾體驗過這樣的放鬆反應，我想你應該也會認為這是一個很能讓人放鬆，又能幫助人進行心理大掃除的方式。

我要描述的最後一個經驗在本質上是比較積極主動的，但它同樣能夠幫助我們掃除心靈中那些妨礙我們進入「存在模式」的東西。

9 以文字表達自己的想法

「我曾經試著用『列出重要事項』這個辦法和一個供應商打交道。」說話的這個男人年約四十幾歲，是一家公司的老闆。他正站在一群企業家和經理人面前發表他的報告。這是我和一個同事負責指導的一門談判訓練課程，今天是課程的第三天，也是最後一天。根據我們的課程計畫，今天要由學員報告他們如何把課堂上學到的東西應用在日常的工作中，並且說明應用的結果。

我們帶著一絲好奇心坐在那裡聽著，想知道這個名叫彼得的男子會怎麼說。出乎我們意料之外的是，他並沒有用投影片，而是在螢幕上投放了一張很大的照片，上面顯示了一塊寫著許多字、還畫著紅色箭頭的白板。當我看到這張照片時，立刻就猜到他要說什麼了。

「當我向他建議我們應該把重要的事項列出來，並且寫在白板上時，他立刻站了起來，開始在白板上書寫。」彼得帶著一臉得意的微笑繼續說道，「最後，我們就在那塊白板上完成了一整筆交易。而且我必須說，過去十年來我一直試著和這位供應商做生意，但卻從來沒有成功過！」

在那堂課程中，我們教導學員：要當一個優秀的談判員，最簡單的方式之一就是使用紙和筆（或白板和白板筆）。為什麼？因為長久以來，研究談判技巧的學者都知道：談判之所以會失敗，最主要的原因可能是雙方遺漏了所謂的「重要事項」（就是雙方都認為很重要的東西）。要確認這些重要事項沒有被遺漏，最有效的方式之一就是雙方一起把它們寫下來，而且這樣做也能讓雙方感覺他們已經開始合作了。

許多人最初並不了解在腦海裡思考一個點子和把它寫下來有什麼不同，但是當我們讓學員在課堂上做練習時，他們就看出了其間的差異，而且這個差異大到了足以改善談判結果的程度，就像彼得的例子一樣。

關於記憶法則，我們通常是這麼說的：

「**書寫是更有效的一種思考方式。**」

之前我為了要撰寫本書，便開始閱讀那些和覺察以及臨在有關的研究，結果很驚訝地發現居然有人在研究所謂的「表達性書寫」（Expressive Writing），其中最重要的一位人物便是德州大學的詹姆斯・潘尼貝克（James Pennebaker）教授。一直到我讀了他的研究報告之後，才開始了解書寫為何能夠影響談判的結果。「書寫是更有效的一種思考方式」這句話其實只說對了一半。當我們把自己的想法寫下來時，它所產生的效果遠不止是讓我們能夠有效溝通並幫助我們釐清自己想要什麼而已。

事實上，潘尼貝克從一九八〇年代迄今所做的諸多研究都顯示：如果我們把自己的想法和感受寫下來，會產生以下效果：

- 增強免疫系統
- 改善睡眠

- 增進心理健康
- 降低血壓
- 較容易忍受慢性疼痛

我們可以看出，這些都很像是人們在進行「專注當下」的練習、接觸大自然，或出現放鬆反應時所產生的效果。事實上，這些方式背後的機制也有密切的關連。

為何把自己的想法和感受寫下來會有這些好處？研究人員的解釋是：大腦的功能是要理解生命中所發生的事並從中創造意義，但在遇到一個問題之後，如果我們的大腦沒有把問題做一番整理，它就會不斷地琢磨、反覆地思量，而這是很沒有建設性的一件事，同時還會占用大腦的空間，耗損它的能量，甚至可能會使我們陷入泥淖，無法前進。這些都是我們處於「行動模式」時經常出現的現象。

書寫可以使我們脫離這個惡性循環。我們甚至可以說：透過書寫的方式，就等於是向我們的「存在模式」發出一張邀請函，而它也總是會欣然赴約。

用身體思考

我們的想法原本可能虛無縹緲、轉瞬即逝甚或含糊不清，但是當我們用手寫的方式把它們呈現在紙張或板子上時，這些想法就會變得比較具體，也讓我們能從潘尼貝克所謂的「局外人的觀點」來看待它們。也就是說，這時我們幾乎可以像個局外人一般觀察自己的想法，從而比較容易產生洞見。這就是「當局者迷，旁觀者清」的道理。

一旦我們的想法不再只是存在於「行動模式」，令人無法捉摸，而是更趨近「存在模式」時，我們就更能加以覺察。研究人員相信，書寫之所以能夠提昇覺察力正是因為這個緣故。[42]這也可以說明彼得為何能夠搞定那個難纏的供應商：因為他們兩人都開始覺察到自己真正想要的東西，並發現彼此的目標其實並非天差地別，或至少沒有他們原先所想像的那麼大。

所以，我要強調一點：**書寫不只是一個更有效的思考方式，也是一個全然不同**

的思考方式。

清除行動模式中的心理垃圾

如果你想試著體驗一下我剛才所描述的感覺，不妨做做下面這個簡單的練習。其目的是要清除我們在「行動模式」中堆積的心理垃圾，讓我們得以進入另外一個模式，專注於當下，變得清明而有智慧。要做這個練習，只要有紙和筆就夠了：

1. 首先，畫出一個圓圈，並在裡面寫下「行動模式」這幾個字。
2. 再畫出五個圓圈，使它成為經典的心智圖，就像下圖這樣：

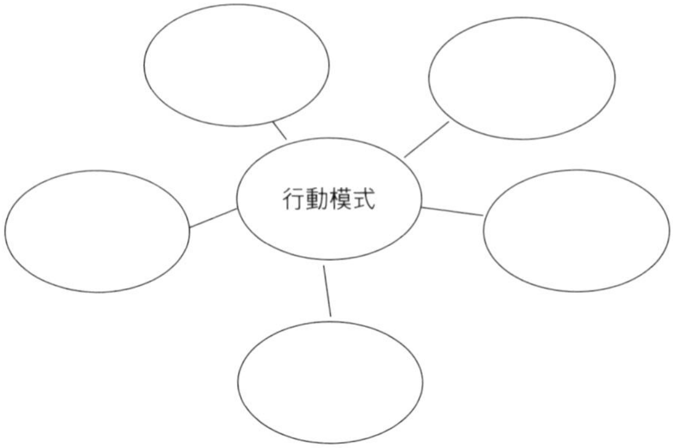

3. 在每一個圓圈裡填入盤據在你腦海裡的那些想法。如果你願意，可以多畫幾個圓圈，以便把你所有的想法都寫進去。

4. 最後，寫下三個詞語，用來描述並總結這張圖給你的三種感受。

這三個詞語具有一個很重要的功能，我稍後將會加以說明。

我畫的行動模式圖

我在撰寫本書的過程中也曾經做過這個練習，當時我畫出來的圖形就像下圖：

我之所以會這麼寫，是因為瑞典即將舉行傳統

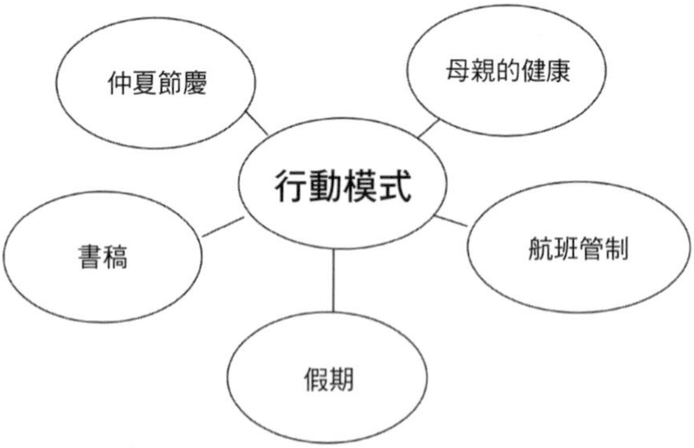

的仲夏節慶，那也是我們的假期的開端。而今年我家的慶祝會預定要在我父母親的避暑別墅舉行。

從我的泡泡圖裡你應該可以猜到：當我處於「行動模式」時，我有點擔心我的父母親到時是否能夠前來，尤其是在我的母親身體欠佳的情況下。此外，當時實施的航班管制也讓我有些憂慮，因為我要前往英國探視女友的那個航班被取消了，目前還不知道什麼時候可以成行。

不過，因為快要放假了，我還是有些開心，而且由於寫書的工作如期進行，我也感覺鬆了一口氣。因此，我的感受是：

1. 擔心
2. 開心
3. 鬆了一口氣

當我看著我畫的泡泡圖以及我寫下的三個感受時，立刻感覺心情變得輕鬆了一些，因為這個練習讓我能把自己在「行動模式」中的思慮都化為文字，使我得以：

- 和我的感受保持距離
- 從另一個角度思考我的處境
- 降低我的不確定感

最後一點很重要，因為不確定感會啟動我們的「行動模式」，讓我們很容易做出一些反應，認為自己應該小心這個、提防那個，以確保所有的事情都不會出錯。這個功能對我們來說當然很重要，也有其存在的必要性，但如果我們掉入了「循環論證」（circular reasoning）（這是經常發生的一個現象）的陷阱，就對自己毫無益處了。我先前曾說過，這種不斷循環往復的思考方式不僅不會導致任何具體結論，反而會耗損我們的能量，並且讓我們錯過當下正發生在生命中的事情。

這些形容感受的字眼在這個練習中扮演了很重要的角色，因為科學研究早已發現：如果我們能把自己的感受化為文字，就能降低我們的爬蟲類腦（reptilian brain）的活躍程度，並活化那些讓我們更能自我覺察的神經中樞，[43]其效果就像我之前所提到的那些練習一樣。

因此，寫下我們處於「行動模式」時的想法和感受，能夠有效地讓我們脫離「行動模式」，進入「存在模式」。

書寫的祕密

記得當年我還是博士班研究生的時候，都會定期和我的指導教授開會，向他報告我的論文進度。過了大約一年之後，到了我們每次要開會時，我的指導教授總會先遞一支白板筆給我，有時還會說：「我猜你這次還是會像平常那樣用畫的。」

他說得沒錯。由於我研究的題目是如何建構模型，因此每次和他討論時，都會把我建構出來的初期模型畫在他辦公室的白板上。當時，我根本還沒讀到任何有關自我覺察的研究，也還不了解書寫是多麼重要的談判工具。

不過，我倒是讀了我所使用的那個研究方法的說明資料。那個研究方法是一個名叫巴尼．格拉瑟（Barney Glaser）的人創立的。這位老先生很有自己的想法。他大力反對研究人員使用鍵盤來建構模型，至少在發想、醞釀的階段不該如此。這很可能是我開始用筆來建構並描繪我的模型的原因。

如今，我已經愈來愈了解書寫對於思考的重要性，也愈來愈清楚書寫和我們的身體、創造力及覺察力之間的關連。我希望能讓讀者在這方面得到一些啟發，並從而願意嘗試體會書寫如何能夠激發出我們內心當中某種超越語言文字的東西，讓我們得以進入「存在模式」，並發揮自身的創造力。這樣一來，筆墨就可以成為一種工具，帶我們進入一個無法以文字表述的世界。

總而言之，文字能夠幫助我們進行一項非常重要、且值得在本書末尾再次強調的工作，那便是：將我們的「行動模式」與「存在模式」加以整合。

【結語】

讓「行動模式」與「存在模式」達到平衡

本書想傳達的訊息是：我們可以透過提昇自我覺察能力來建立自己的好感度。好感度是我們所具有的一項超能力，而且這種能力與他人對我們的看法完全無關。唯有建立自己的好感度，才能得到我們真正想要追求的東西，那便是：實實在在的人氣。

要建立好感度，我們應該讓自己的「行動模式」和「存在模式」達到平衡的狀態。對大多數人而言，這意味著我們應該讓自己更常進入「存在模式」，而不要太常處於「行動模式」。如果我們能讓自己在日常生活中經常處於「存在模式」中的高度覺察狀態，將會帶來許多好處，其中之一便是讓自己的意向、目標與行動更趨於一致。事實上，這是我們唯一需要做到的一件事。

在現今的世界裡，如果大多數人都是成天坐在樹底下，並且能夠完完全全地活在當下，那麼我可能就會寫一本教大家如何啟動「行動模式」的書。然而，我們的世界已經被「行動模式」所宰制，所以我們應當努力讓這兩個模式達到平衡。

在本書中，我也試著要達到這種平衡狀態。我所提供的知識是要訴諸你們的「行動模式」，而我所描述的那些經驗，則是要訴諸你們的「存在模式」，希望能激勵讀者去創造更多類似的經驗。

我希望讀者們在閱讀這本書之後，能夠更深刻地覺察到我們目前所面臨的困境。這樣的覺察如果能以正確的態度用在合適的地方，也能帶給我們重大的啟示。希望這本書在這方面已經做出了一點貢獻。

參考書目

1 Berridge, K. C. (1996). Food reward: Brain substrates of wanting and liking. *Neuroscience and Biobehavioral Reviews*, 20(1), 1–25.

2 C, Jiyoung,(2018), Reexamining the Relationship between Social Media and Happiness: The Effects of Various Social Media Platforms on Reconceptualized Happiness, *Telematics and Informatics*, April.

3 de Vries, D,A., Möller, A,M., Wieringa, M,S.,Eigenraam, A,W & Hammenlink, K., (2008), Social Comparison as the Thief of Joy: emotional consequences of Viewing Strangers Instagram Post, *Media Psychology*, pp. 222-245

4 Allen, J., Schad, M., Oudekerk, B., & Chango, J. (2014). What Ever Happened to the "Cool" Kids? Long-Term Sequelae of Early Adolescent Pseudomature Behavior. *Child Development*, 85(5), pp. 1866-1880

5 Kasser T. (2011) Materialistic Value Orientation. In: Bouckaert L., Zsolnai L. (eds) *The Palgrave*

Handbook of Spirituality and Business. Palgrave Macmillan, London

6 Schmuck, P., Kasser, T. & Ryan, R.M. Intrinsic and Extrinsic Goals: Their Structure and Relationship to Well-Being in German and U.S. College Students, *Social Indicators Research* (2000) 50: 225.

7 Grouzet, F.M.E., Kasser, T., Ahuvia, A., Fernandez-Dols, J.M., Kim, Y., et al. (2005). The structure of goal contents across 15 cultures. *Journal of Personality & Social Psychology*, 89, pp. 800–816.

8 Parkhurst, J. T., & Hopmeyer, A. (1998). Sociometric popularity and peer-perceived popularity: Two distinct dimensions of peer status. *The Journal of Early Adolescence*, 18(2), pp. 125–144.

9 Adamson, B., Dixon, M., Toman, N., The End of Solutions Sales, *Harvard Business Review*, July-August 2012

10 Anderson, N. H. (1968). Likeableness ratings of 555 personality-trait words. *Journal of Social Psychology*, 9, pp. 272-279.

11 Prinstein, M., (2017), *Popular*, Viking: London.

12 Bazerman, M. H. (1983). Negotiator judgment: A critical look at the rationality assumption. *American Behavioral Scientist*, Vol. 27, pp. 618-634.

13 Gerbert, B. (1984). Perceived likeability and competence of simulated patients: Influence on physicians' management plans. *Social Science & Medicine*, 18(12), pp. 1053-1059. 136

14 Fanning, K, Piercey, M,D., (2014), Internal Auditors' Use of Interpersonal Likability, Arguments, and Accounting Information in a Corporate Governance Setting (July 17). *Accounting, Organizations and Society*

15 Galinsky, A. D., Rucker, D., & Magee, J. C. (2016). Power and perspective-taking: A critical examination. *Journal of Experimental Social Psychology*, 67, 91-92. https://doi.org/10.1016/j.jesp.2015.12.002

16 Snippe, E., Jeronimus B,F., Aan Het Rot, M., Bos, E,H., de Jonge, P., & Wichers, M., (2018), The Reciprocity of Prosocial Behaviour and Positive Affect in Daily Life, *Journal of Personality*, April, Vol. 86, No. 2, pp. 139-146.

17 Prinstein, M. J., Aikins, J.W., (2004), Cognitive Moderators of the Longitudinal Associations Between Peer Rejection and Adolescent Depressive Symptoms, *Journal of Abnormal Child Psychology*, Vol. 32, No. 2, pp. 147-158.

18 Cohen, S., Doyle, W. J. Skoner, D,P., Rabin, B.S &, Gwaltney Jr. J,M.,(1997), Social Ties and Susceptibility to the Common Cold, *Journal of the American Medical Association* 277 (June 25,),pp. 1940–1944.

19 Cascario, T., Lobo, M.S, (2005), , Competent jerks, lovable fools, and the formation of social networks,

Harvard Business Review, Vol. 83, No. 6, pp. 92-99.,

20 Kernis, M. H., & Goldman, B. M. (2005). From Thought and Experience to Behavior and Interpersonal Relationships: A Multicomponent Conceptualization of Authenticity. In A. Tesser, J. V. Wood, & D. A. Stapel (Eds.), *On building, defending and regulating the self: A psychological perspective* (p. 31–52). Psychology Press.

21 https://hbr.org/2018/01/what-self-awareness-really-is-and-how-to-cultivate-it

22 Kross, E., Ayduk, O., & Mischel, W. (2005). When Asking "Why" Does Not Hurt: Distinguishing Rumination From Reflective Processing of Negative Emotions. *Psychological Science*, 16(9), pp. 709–715.

23 Lakey, C. E., Kernis, M. H., Heppner, W. L., & Lance, C. E. (2008). Individual differences in authenticity and mindfulness as predictors of verbal defensiveness. *Journal of Research in Personality*, 42(1), pp. 230–238.

24 Christie, A. M., Atkins, P. W. B., & Donald, J. N. (2017). The meaning and doing of mindfulness: The role of values in the link between mindfulness and well-being. *Mindfulness*, 8(2), pp. 368–378. 137

25 Heppner, W. L., & Kernis, M. H. (2007). "Quiet ego" functioning: The complementary roles of mindfulness, authenticity, and secure high self-esteem. *Psychological Inquiry*, 18(4), pp. 248–251.

26 Gruber, J., Mauss, I. B., & Tamir, M. (2011). A dark side of happiness? How, when, and why happiness is not always good. *Perspectives on Psychological Science*, 6(3), pp. 222–233.

27 Fredrickson, B, *Positivity: Groundbreaking Research to Release Your Inner Optimist and Thrive*, London: Oneworld Publications.

28 Aron, A., Aron, E. N., & Smollan, D. (1992). Inclusion of other in the self scale and the structure of interpersonal closeness. *Journal of Personality and Social Psychology*, 63(4), pp. 596-612.

29 Hayes, S. C., Follette, V. M., & Linehan, M. M. (Eds.). (2004). *Mindfulness and Acceptance: Expanding the Cognitive-Behavioral Tradition*. Guilford Press.

30 Segal, Z,V., Williams, J,M,G., Teasdale, J, D. (2012). *Mindfulness-Based Cognitive Therapy for Depression, Second Edition*（繁體中文版《找回內心的寧靜：憂鬱症的正念認知療法》〔第二版〕，心靈工坊出版），2015. Guilford Publications.

31 Farb, N. A. S., Segal, Z. V., Mayberg, H., Bean, J., McKeon, D., Fatima, Z., & Anderson, A. K. (2007). Attending to the present: Mindfulness meditation reveals distinct neural modes of self-reference. *Social Cognitive and Affective Neuroscience*, 2(4), pp. 313–322

32 Langer, E., Pirson, M., & Delizonna, L. (2010). The mindlessness of social comparisons. *Psychology of Aesthetics, Creativity, and the Arts*, 4(2), pp. 68–74.

33 Weaver, J, L., Swank, J., (2019), Mindful Connections: A Mindfulness-Based Intervention for Adolescent Social Media Users, Vol. 5, *Journal of Child and Adolescent Counseling*.

34 Gorman, T. E., & Green, C. S. (2016). Short-term mindfulness intervention reduces the negative attentional effects associated with heavy media multitasking. *Scientific reports*, 6, 24542.

35 Hölzel, B. K., Carmody, J., Vangel, M., Congleton, C., Yerramsetti, S. M., Gard, T., & Lazar, S. W. (2011). Mindfulness practice leads to increases in regional brain gray matter density. *Psychiatry Research: Neuroimaging*, 191(1), pp. 36–43.

36 Hauswald, A., .belacker, T., Leske, S., & Weisz, N. (2015).What it means to be Zen: Marked modulations of local and interareal synchronization during open monitoring meditation. *NeuroImage*, 108, pp. 265–273.

37 Farb, N. A. S., Segal, Z. V., Mayberg, H., Bean, J., McKeon, D.,Fatima, Z., & Anderson, A. K. (2007). Attending to the present: Mindfulness meditation reveals distinct neural modes of selfreference. *Social Cognitive and Affective Neuroscience*, 2(4), pp. 313–322. 138

38 Moore, A., Gruber, T., Derose, J., & Malinowski, P. (2012). Regular, brief mindfulness meditation practice improves electrophysiological markers of attentional control. *Frontiers in Human Neuroscience*, 6, Article 18

39 Mårtensson, F., Bolderman, C., Söderström, M., Blennow, M., Englund, J-E., Grahn, P., (2009), Outdoor environmental assessment of attention promoting settings for preschool children, *Health and Place*.

40 Zeigarnik (1927): Das Behalten erledigter und unerledigter Handlungen. *Psychologische Forschung* 9, pp. 1-85.

41 Bhasin M,K, Dusek JA, Chang B,H, Joseph M,G, Denninger JW, Fricchione G,L, Benson H, Libermann T,A. (2013), Relaxation response induces temporal transcriptome changes in energy metabolism, insulin secretion and inflammatory pathways. *PLoS One*; 8(5).

42 Brody, L,R., Park, S,H., (2006), *Narratives, Mindfulness, and the Implicit Audience*, *Clinical Psychology Science and Practices*, Vol. 11, Issue 2, pp. 147-154.

43 Torre, J. B., and Lieberman, M. D. (2018). Putting feelings into words: affect labeling as implicit emotion regulation. *Emotional Review*. Vol. 10, pp. 116–124.

好感力
讓人自然而然喜歡你的超能力

作者／拉斯—約翰・艾格（Lars-Johan Åge）
譯者／蕭寶森
總監暨總編輯／林馨琴
資深主編／林慈敏
行銷企劃／陳盈潔
封面設計／張士勇
內頁排版／新鑫電腦排版工作室

發行人／王榮文
出版發行／遠流出版事業股份有限公司
地址：臺北市中山北路一段 11 號 13 樓
電話：（02）2571-0297
傳真：（02）2571-0197
郵撥：0189456-1

著作權顧問／蕭雄淋律師
2021 年 11 月 1 日　初版一刷
新台幣 定價 330 元（如有缺頁或破損，請寄回更換）

ISBN 978-957-32-9341-5

YLib.com 遠流博識網
http://www.ylib.com
E-mail: ylib@ylib.com

Omtyckt : superkraften i att vara äkta, positiv och relevant

國家圖書館出版品預行編目資料

好感力 : 讓人自然而然喜歡你的超能力／拉斯─約翰・艾格（Lars-Johan Åge）著 ; 蕭寶森 譯. -- 初版. -- 臺北市 : 遠流出版事業股份有限公司, 2021.11

256 面：14.8 × 21公分

譯自：Omtyckt : superkraften i att vara äkta, positiv och relevant

ISBN 978-957-32-9341-5（平裝）

1. 人際關係　2.社交技巧

177.3　　110017053